Hawliau Iaith

Hefyd yn y gyfres:

Cred, Llên a Diwylliant: Cyfrol Deyrnged Dewi Z Phillips
E. Gwynn Matthews (gol.)

Cenedligrwydd, Cyfiawnder a Heddwch
E. Gwynn Matthews (gol.)

Y Drwg, y Da a'r Duwiol
E. Gwynn Matthews (gol.)

Hawliau Iaith

Golygydd
E. Gwynn Matthews

Adran Athronyddol
Graddedigion Prifysgol Cymru

Astudiaethau Athronyddol 4

yLolfa

Argraffiad cyntaf: 2015

Dymuna'r cyhoeddwyr gydnabod cymorth ariannol Cyngor Llyfrau Cymru

Cynllun y clawr: Y Lolfa

Rhif Llyfr Rhyngwladol: 978 1 78461 155 2

Cyhoeddwyd ac argraffwyd yng Nghymru ar bapur o goedwigoedd cynaladwy gan Y Lolfa Cyf., Talybont, Ceredigion SY24 5HE *gwefan* www.ylolfa.com *e-bost* ylolfa@ylolfa.com *ffôn* 01970 832 304 *ffacs* 832 782

Cynnwys

Rhagair

CYFLWYNIR Y GYFROL HON fel teyrnged i Merêd gan aelodau Adran Athronyddol Urdd y Graddedigion. Go brin y gellid meddwl am faes athronyddol nes at ei galon nag athroniaeth hawliau iaith. Byddai'r athronydd ynddo yn ymateb yn frwd iawn i rai o'r ymresymiadau, ond ni fyddai anghytuno ag ambell safbwynt yn lleihau dim ar ei werthfawrogiad o'r dadleuon. 'Gweithgaredd yw athroniaeth, nid athrawiaeth.'

Bu ef yn gwrando ar dri o'r papurau a gynhwysir yn y casgliad presennol, sef papurau Emyr Lewis a Ned Thomas a gyflwynwyd yn ein Cynhadledd fis Hydref 2014 a phapur yr Athro Steven Edwards a gyflwynwyd yng Nghynhadledd 2013. Mae'r erthyglau yn y gyfrol hon yn trafod hawliau, anghenion ac arfer ieithyddol o safbwyntiau cyfreithiol, gwleidyddol, moesol, addysgol a diwylliannol. Maent yn cynrychioli sawl safbwynt a sawl disgyblaeth, a byddant yn codi nifer o gwestiynau athronyddol sy'n gysylltiedig â'r defnydd o iaith mewn cymdeithas ddwyieithog neu amlieithog.

Diolch unwaith eto i'r Lolfa am eu gwaith cymen yn cyhoeddi rhifyn arall yn y gyfres 'Astudiaethau Athronyddol'. Cydnabyddwn yn ddiolchgar iawn hefyd nawdd Prifysgol Cymru a'r Coleg Cymraeg Cenedlaethol a chymorth hael y Cyngor Llyfrau. Mae cydweithrediad y partneriaid hyn wedi bod yn effeithiol a chyfeillgar ac yr ydym yn ddyledus iawn iddynt.

E. Gwynn Matthews

Sulgwyn 2015

Awduron yr Ysgrifau

Emyr Lewis Cyfreithiwr wrth ei alwedigaeth yw Emyr Lewis. Rhwng 2001 a 2013 yr oedd yn aelod o Bwyllgor Arbenigwyr Cyngor Ewrop sydd yn craffu ar gydymffurfiaeth gwladwriaethau â'u dyletswyddau mewn cyfraith ryngwladol dan Siarter Ewrop dros Ieithoedd Rhanbarthol a Lleiafrifol, y cyntaf o wledydd Prydain i gyflawni'r swyddogaeth honno. Bu'n Uwch-gymrawd Cyfraith Cymru yng Nghanolfan Llywodraethiant Cymru Prifysgol Caerdydd. Mae'n dal i addysgu yn y Brifysgol ac i gymryd rhan yng ngweithgareddau'r Ganolfan. Mae'n brifardd, wedi ennill cadair a choron yr Eisteddfod Genedlaethol.

Steven D. Edwards Mae Steven D. Edwards yn Athro Athroniaeth Gofal Iechyd ym Mhrifysgol Abertawe. Mae wedi cyhoeddi llyfrau ar athroniaeth meddwl, gwybodeg ac athroniaeth gymhwysol yn ogystal â thros hanner cant o erthyglau mewn cyfnodolion academaidd. Yn ddiweddar, mae wedi arbenigo mewn problemau moesegol yng nghyd-destun trawsblannu organau ac ymchwil feddygol sy'n cynnwys pobl fregus.

Huw Lewis Darlithydd yn Adran Gwleidyddiaeth Ryngwladol Prifysgol Aberystwyth yw Huw Lewis. Mae ei ddiddordebau dysgu ac ymchwil yn cynnwys athroniaeth wleidyddol gyfoes, amlddiwylliannaeth, polisi iaith a gwleidyddiaeth Cymru. Ar hyn o bryd mae'n paratoi cyfres o gyhoeddiadau sy'n astudio ymdrechion i adfer ieithoedd lleiafrifol o safbwynt athroniaeth wleidyddol normadol. Mae'n Is-lywydd Adran Athronyddol Graddedigion Prifysgol Cymru.

Carys Moseley Astudiodd Dr Carys Moseley y Clasuron yng Nghaergrawnt a Diwinyddiaeth yn Rhydychen a Chaeredin, a bu'n darlithio a thiwtro mewn Diwinyddiaeth yng Nghaeredin. Ar hyn o bryd mae hi'n cyfuno bod yn diwtor allanol mewn Diwinyddiaeth ar gyfer Sarum College, Salisbury, gyda thiwtora preifat mewn Groeg a Lladin, a gweithio i Eglwys Bresbyteraidd Cymru. Cyhoeddwyd astudiaeth ganddi o waith Johannes Wallensis OFM (Siôn o Gymru, c.1220–85) yn *Diwinyddiaeth*, Rhif LXV (2014).

Ned Thomas Ned Thomas yw sefydlydd a llywydd Canolfan Mercator ym Mhrifysgol Aberystwyth. Cafodd yrfa amrywiol fel awdur a newyddiadurwr, academydd a chyhoeddwr. Bu'n Athro Llenyddiaeth Saesneg ym Mhrifysgol Salamanca Sbaen, a Phrifysgol Mosgo cyn symud i Adran Saesneg Prifysgol Aberystwyth ac yn ddiweddarach i fod yn Gyfarwyddwr Gwasg Prifysgol Cymru yng Nghaerdydd. Sefydlodd y cylchgrawn *Planet* a'i olygu am bymtheng mlynedd. Cyhoeddodd astudiaethau o waith George Orwell a Derek Walcott yn Saesneg, ac o Waldo Williams yn Gymraeg. Roedd ei gyfrol *The Welsh Extremist: a Culture in Crisis* yn ddylanwadol yng nghyfnod yr ymgyrchoedd dros y Gymraeg yn saithdegau ac wythdegau'r ganrif ddiwethaf, a'i gyfrol *Bydoedd – Cofiant Cyfnod* oedd Llyfr y Flwyddyn yn Gymraeg yn 2011.

Huw L. Williams Darlithydd mewn Athroniaeth gyda'r Coleg Cymraeg Cenedlaethol, wedi ei leoli ym Mhrifysgol Caerdydd, ond yn addysgu yn ogystal yn Abertawe, Aberystwyth a Bangor. Ei brif faes yw athroniaeth wleidyddol, ac mae wedi cyhoeddi yn bennaf ar gyfiawnder byd-eang ac athroniaeth John Rawls. Mae ganddo ddiddordeb mawr yn ogystal mewn hanes syniadau yng nghyd-destun Cymru, ac fe fydd yn cyhoeddi'r gyfrol *Credoau'r Cymry* gyda Gwasg Prifysgol Cymru yn 2016. Ef yw Ysgrifennydd Adran Athronyddol Graddedigion Prifysgol Cymru.

Merêd yr Athronydd

YR OEDD GYDA'R AMLYCAF o ddynion – a'r agosaf atoch. Gŵr a swynai gynulleidfaoedd, ond ymgomiwr cynnes hefyd. Dyn felly oedd Merêd. Collwn ei wên ddireidus, ei lygaid treiddgar, ei law gadarn a'i asbri heintus. Fel unigolion ac fel cenedl, yr ydym wedi colli cyfaill annwyl.

Megis yn achos y gŵr hwnnw y canodd y salmydd amdano erstalwm, gellid dweud am Merêd, 'a pha beth bynnag a wnêl, efe a lwydda'. Rhagorai yn yr holl feysydd y bu'n ymwncud â hwy – athroniaeth, darlledu, canu gwerin, adloniant ysgafn, ymgyrchu dros gyfiawnder i'r iaith, ac enwi'r rhai amlycaf. Ehangodd gylch darllenwyr y Gymraeg pan aeth ati, gyda Norman Williams ac craill, i sefydlu'r papur bro cyntaf, Y Dinesydd, ar gyfer Caerdydd a'r Fro, papur a esgorodd ar epil drwy Gymru benbaladr. Gweithredodd yn ddiarbed, gan herio'r gyfraith, i sefydlu S4C. Cyfunai yn ei berson argyhoeddiad a phenderfyniad, a dyna a'i gwnaeth yn ffigwr mor allweddol mewn sawl agwedd ar ein bywyd cenedlaethol.

Cafodd Meredydd Evans ei eni yn Llanegryn, Meirionnydd yn 1919, a'i fagu yn Nhanygrisiau. Wedi gadael Ysgol Ganol Blaenau Ffestiniog aeth i weithio mewn siop, ond ymhen rhyw chwe blynedd cafodd fynediad i Goleg Clwyd, coleg rhagbaratöol yr Hen Gorff yn y Rhyl. Oddi yno fe aeth i Goleg y Brifysgol, Bangor, lle graddiodd gyda gradd anrhydedd yn y dosbarth cyntaf mewn Athroniaeth. Hywel D. Lewis oedd yr Athro Athroniaeth ym Mangor bryd hynny, a gadawodd empeiriaeth gymedrol yr athro ei hôl ar y disgybl. Prifathro'r coleg yn yr un cyfnod oedd y clasurwr D. Emrys Evans, a wnaeth gymwynas enfawr ag athronyddu yn y Gymraeg gyda'i gyfieithiadau Cymraeg o weithiau Platon. Wedi graddio cafodd Merêd swydd fel tiwtor Athroniaeth yng Ngholeg Harlech, coleg yr ail gyfle fel y gelwid ef, sef ei brofiad cyntaf o weithio ym maes addysg oedolion, maes y byddai'n dychwelyd iddo yn ddiweddarach yn ei fywyd. Yna, gadawodd Gymru gan fynd i Brifysgol Princeton yn yr Unol Daleithiau, lle enillodd radd Doethor mewn Athroniaeth yn 1955. Yn dilyn hynny, cafodd ei benodi'n ddarlithydd mewn Athroniaeth ym Mhrifysgol Boston, swydd y bu ynddi am bum mlynedd. Yn 1960 dychwelodd i Fangor, i'w *alma mater*, lle bu'n diwtor mewn Athroniaeth yn yr Adran Efrydiau Allanol. Rhwng 1963 ac 1973 bu'n Bennaeth Adran Adloniant Ysgafn BBC Cymru. Rhwng 1973 a'i ymddeoliad yn 1985 bu'n diwtor mewn Athroniaeth yn Adran Efrydiau Allanol Coleg y Brifysgol, Caerdydd. Yr oedd yn aelod brwd a ffyddlon o Adran Athronyddol Urdd Graddedigion Prifysgol Cymru. Bu'n Llywydd yr Adran rhwng 2007 a 2012 ac yn Llywydd Anrhydeddus o 2012 ymlaen.

Rhoddai gweithgareddau'r Adran gyfle i athronyddu yn Gymraeg. Yn y cynadleddau gallai Merêd draddodi papur dysgedig, dadlau a gwrthddadlau, holi a chroesholi gydag arddeliad. Mae gan rai pobl y syniad fod athronwyr yn cynnal eu dadleuon mewn dull sych a digynnwrf. Camargraff yw hynny. Gallai Merêd ddadlau felly, ond gallai hefyd ddadlau gyda brwdfrydedd a gwres, a chodi tempo'r drafodaeth! Byddai ei sylwadau bob amser yn graff, a'i holi'n finiog. Ond yr oedd hefyd yn ddadleuwr grasol. Byddai yn ddi-ffael yn mynegi ei werthfawrogiad o bob cyfraniad (petai'n cytuno â'r safbwynt ai peidio). Yn wir, gofidiai weithiau nad oedd gwaith ambell un wedi cael sylw dyladwy, neu nad oedd awdur wedi cael yr anrhydedd academaidd a haeddai.

Trwy gyfrwng cyfnodolyn yr Adran, *Efrydiau Athronyddol*, fe gyfrannodd Merêd at lenyddiaeth athronyddol y Gymraeg. Yr erthygl gynharaf o'i eiddo i ymddangos yn *Efrydiau Athronyddol* oedd 'Sut y Gwyddom Feddwl ein Gilydd' (1951). Traddodwyd yr erthygl hon yn wreiddiol fel papur yng nghynhadledd 1950 yr

Adran. Canolbwyntiodd y gynhadledd honno ar lyfr gorchestol Gilbert Ryle, *The Concept of Mind* (1949). Bu dylanwad y llyfr hwnnw ar athroniaeth y byd Saesneg yn aruthrol ac yn arhosol. Ceisiodd Ryle wneud dau beth: yn gyntaf, ceisiodd ddymchwel y darlun a etifeddasom gan Descartes o berthynas y meddwl â'r corff fel perthynas peilot (meddwl) â'i gwch (corff), yr hyn a alwai Ryle yn 'athrawiaeth yr ysbryd yn y peiriant', sef yn dechnegol 'deuoliaeth'; yn ail, ceisiodd gynnig rhesymeg newydd i ni ei defnyddio i drafod perthynas meddwl a chorff (a chael gwared â'r 'ysbryd'). Nid dyma'r lle i fanylu ar y dadleuon, ond digon yw dweud fod Merêd yn credu i Ryle lwyddo yn ei amcan cyntaf, ond iddo fethu yn yr ail.

Mae Merêd yn crynhoi damcaniaeth Ryle fel hyn, '...gellir disgrifio rhannau o ymddygiad person arbennig mewn termau meddyliol – "mental". Eithr cyfeirio at ffyrdd arbennig o ymddwyn a wna'r termau hyn ac nid at unrhyw ddigwyddiadau cudd ar lwyfan theatr y meddwl'. Roedd Ryle felly yn fath o ymddygiadydd (*behaviourist*), ond ni sylfaenwyd ei waith ar ddamcaniaethau'r seicolegwyr ymddygiadol J. B. Watson a B. F. Skinner. Gelwir ymddygiadaeth Ryle weithiau yn ymddygiadaeth ddadansoddol gan iddi godi o'r ymgais i *ddadansoddi ystyr yr iaith* a ddefnyddiwn wrth drafod cysyniadau meddyliol. Ni chafodd Merêd ei fodloni bod ymddygiadaeth ddadansoddol yn foddhaol, fodd bynnag, ac yn enwedig ni allai dderbyn ein bod yn adnabod ein cyflyrau meddyliol ein hunain yn yr un ffordd ag yr adnabyddwn gyflyrau meddwl pobl eraill, fel yr haerodd Ryle.

Datblygiad oedd ymddygiadaeth ddadansoddol mewn gwirionedd o waith Wittgenstein. Yr oedd Ryle wedi datblygu'n sylweddol ddadansoddiadau Wittgenstein, dadansoddiadau oedd yn seiliedig ar ddealltwriaeth chwyldroadol o resymeg iaith am y meddwl. Gweithiai Gilbert Ryle, J. L. Austin a tho newydd o athronwyr yn null Wittgenstein, gan esgor ar chwyldro ysgubol yn y dull o athronyddu yn Saesneg. Eithr er bod gan Merêd gryn edmygedd o waith Wittgenstein, ni nofiodd gyda'r llanw, ac ni

ellid ei ddisgrifio fel Wittgensteinydd. Cawn enghraifft dda iawn
o'i ddull ef o ddadansoddi manwl a chyflwyno ymresymiadau clòs
yn ei ysgrif 'A dyfod rhwyg deufyd rhôm?' yn *Efrydiau Athronyddol*
(1975) lle mae'n trafod damcaniaethau Uniaethol a gyhoeddwyd
yn y gyfrol *The Mind-Brain Identity Theory* (1970, gol., C. V.
Borst), ac yn arbennig, gyfraniad J. J. C. Smart, 'Sensations and
brain processes'.

Gyda'i ddiddordeb amlwg yn athroniaeth y meddwl, Merêd
oedd yr union ddyn i gyfieithu cyfraniad yr Athro E. Jonathan
Lowe ('Athroniaeth Meddwl: tueddiadau a themâu diweddar') i
gyfrol deyrnged Dewi Z. Phillips, *Cred, Llên a Diwylliant* (2012).
Mae cyfieithu mater technegol fel hyn yn gofyn meistrolaeth lwyr
ar y ddwy iaith yn ogystal â dealltwriaeth drwyadl o'r pwnc. Mae
llwyddiant digamsyniol Merêd i fynegi'r deunydd mewn iaith
safonol a dealladwy yn nodweddu ei gyfraniad i athronyddu yn y
Gymraeg fel cyfieithydd.

Un o'r meysydd mwyaf technegol mewn athroniaeth yw
rhesymeg. Mae rhesymeg draddodiadol y Gorllewin yn deillio
o waith Aristoteles, ac yr oedd ef yn ysgrifennu mewn Groeg,
wrth gwrs. Mae'r patrymau a osodwyd ganddo ar gyfer ymresymu
dilys wedi cael eu sylfaenu ar frawddegu yn y modd mynegol gyda
goddrych a thraethiad, a mater didrafferth oedd cyfieithu'r patrymau
hyn i Ladin. Maes o law cafwyd llyfrau Saesneg ar resymeg, ond
pan eir ati i gyfieithu patrymau ymresymu rhesymegol i unrhyw
iaith am y tro cyntaf rhaid ymgodymu â gofynion cystrawen
unigryw yr iaith honno. Dyma her a wynebwyd ac a oresgynnwyd
gan Merêd a Robin Bateman mewn dwy gyfrol a gyfieithwyd
ganddynt o'r Saesneg. Yn *Ymresymu i'r Newyddian* (1979) gan
Humphrey Palmer ac *Ymresymu i'r Newyddian [Rhan 2]* (1979) gan
Donald M. Evans fe lwyddwyd i fynegi'r patrymau yn ystwyth,
gan gynnwys patrymau rhesymeg symbolaidd modern, a chreu
terminoleg ddealladwy. Campwaith Merêd fel cyfieithydd, yn
ddiau, oedd y bennod ar Gottlob Frege (1848–1925) gan Michael
Dummett a gyhoeddwyd yn rhifyn olaf *Efrydiau Athronyddol*

(2006), ac yna yn *Hanes Athroniaeth y Gorllewin* (2009). Frege oedd tad rhesymeg fathemategol, a gosododd ef sylfeini athroniaeth fodern mathemateg, iaith a rhesymeg. Mae ei weithiau gyda'r mwyaf astrus a chymhleth yn holl hanes athroniaeth. Go brin y gallai unrhyw un ar wahân i Merêd fod wedi mentro, a llwyddo, i fynegi cysyniadau mor dechnegol mewn Cymraeg croyw. Yn wir, gellir cymharu gorchest Merêd yn ymestyn y Gymraeg i fynegi cysyniadau nas mynegwyd yn yr iaith o'r blaen i gwaith William Salesbury gynt.

Mae *Hanes Athroniaeth y Gorllewin* hefyd yn cynnwys penodau gan Merêd ar ddau athronydd Albanaidd, David Hume a Thomas Reid. Yr oedd Merêd eisoes wedi cyhoeddi llyfr ar Hume yng nghyfres 'Y Meddwl Modern' (1984). Hume yw un o athronwyr pwysicaf y cyfnod modern, ac fe gafodd lawer o'r athronwyr a'i dilynodd anhawster i ddianc rhag ei gyfaredd. Pen draw athroniaeth empeiraidd Hume ym marn llawer o'i feirniaid yw sgeptigaeth lwyr. Meddai Merêd, 'Bu'n ffasiynol o'r dechrau ystyried Hume fel sgeptig; hynny'n hollol gywir. Fel beirniadaeth sgeptigol y disgrifiodd ef ei hun y llu dadleuon a gyfeiriodd yn erbyn y dogmatwyr.' Serch hynny, mynnai Merêd mai sgeptigaeth 'liniarol' oedd un Hume, a'i fod wedi rhybuddio mai dinistriol fyddai sgeptigaeth eithafol. Ymgais i ailorseddu 'synnwyr cyffredin' parthed ein gwir wybodaeth o'r byd 'allanol' oedd athroniaeth Thomas Reid (safbwynt a goleddwyd ar ddechrau'r ugeinfed ganrif gan G. E. Moore), ac roedd Merêd yn ei elfen yn dadansoddi ymdriniaeth wrthgyferbyniol Hume a Reid o berthynas ein canfyddiadau ni o'r byd â'r byd diriaethol, a pherthynas ein hamryfal ganfyddiadau â'i gilydd.

Fel golygydd y casgliad o ysgrifau *Y Meddwl Cyfoes* (1984), cafodd Merêd gyfle i gyflwyno amrediad eithaf eang o bynciau athronyddol gan athronwyr blaenllaw, Cymraeg eu hiaith, i gynulleidfa Gymraeg. Ni chyfyngwyd ei ddylanwad athronyddol i faterion academaidd yn unig, fodd bynnag. Erys ei bapur 'Anufudd-dod Dinesig' yn *Efrydiau Athronyddol* (1994) yn enghraifft odidog o ymresymu athronyddol ynghylch ymatebion moesol posibl i bolisi cyhoeddus annerbyniol. Mae'n gwneud dau beth yn ei ymdriniaeth: mae'n gwahaniaethu rhwng anufudd-dod dinesig a dulliau eraill o brotestio, megis gwrthwynebiad cydwybodol neu wrthryfel, ac yna mae'n gosod dadleuon i ddangos cysondeb gweithredu protest drwy anufudd-dod dinesig tra'n arddel egwyddor democratiaeth. Mae'n gwneud y pwynt pwysig hwn am yr anufuddhäwr dinesig, 'Gofyn ef yn arbennig am gysondeb mewn cymhwyso egwyddorion sydd wrth wraidd cyfundrefn wleidyddol y gymdeithas y mae'n aelod ohoni. Nid gofyn am driniaeth freintiedig y mae ond yn hytrach am gael ei drin ar yr un gwastad cyffredinol â mwyafrif mawr ei gymdeithas'.

Yng nghyd-destun yr ymgyrchu dros y Gymraeg y trafodir anufudd-dod dinesig gan Merêd, wrth gwrs. Yn wir, fe uniaethwyd athronyddu ac ymgyrchu yn holl lafur ei fywyd. Mae'n cyrraedd uchafbwynt yn ei ymdrechion dros sefydlu'r Coleg Cymraeg Cenedlaethol a sicrhau lle anrhydeddus i athroniaeth yn y gyfundrefn ifanc honno. Dyma yn ddiau yw'r gofeb deilyngaf i'w goffadwriaeth. Eto, rhan o'i fywyd oedd athroniaeth iddo. Cofleidiodd y diwylliant Cymraeg yn ei gyfanrwydd. Yr oedd wrth ei fodd yn trafod syniadau yn gyffredinol fel y dengys y llyfryddiaeth helaeth a baratowyd gan Huw Walters ar gyfer y gyfrol *Merêd: Detholiad o Ysgrifau* (goln Ann Ffrancon a Geraint H. Jenkins, 1994). Yn ei ragair i *The Age of Analysis* (1955) dywedodd yr athronydd Americanaidd Morton White, '…bydd y rhan fwyaf o athronwyr y traddodiad dadansoddol yn ymgroesi rhag trafod pynciau perthnasol i fywyd cyhoeddus a phersonol, problemau diwylliant a gweithredu, fel pe na baent yn berthnasol i athronwyr'. Er mai yn y traddodiad hwnnw y gweithiai Merêd, croes i'r 'rhan fwyaf' honedig oedd ei ymagwedd ef. Yn ystyr y Dadeni Dysg o'r gair, dyneiddiwr mawr oedd Merêd. Ymddiddorai ym mhob ffurf ar fynegiant o'r ysbryd dynol − llenyddiaeth, barddoniaeth, cerddoriaeth, athroniaeth a gwleidyddiaeth. Mae'n diweddu ail bennod ei lyfr ar Hume drwy ddyfynnu un o ddywediadau yr athronydd hwnnw: 'Bydd yn athronydd, ond yng nghanol dy athronyddu bydd eto yn ddyn.' Ymgorfforodd Merêd y ddelfryd honno yn ei fywyd llawn a chyfoethog.

E. Gwynn Matthews
Llywydd yr Adran

Hawl Pwy i Beth?

Emyr Lewis

HOFFWN DDECHRAU DRWY DDYFYNNU geiriau agoriadol darlith a gyhoeddwyd ugain mlynedd yn ôl yn *Efrydiau Athronyddol*, cyfrol LVII. Dyma nhw: 'Pleser mawr ac annisgwyl ydi i gyfreithiwr nad yw'n ŵr academig dderbyn gwahoddiad i draddodi darlith i gynhadledd o athronwyr.'[1] Gwilym Prys Davies biau'r geiriau, ac mae'n briodol fy mod yn ei ddyfynnu nid yn unig am fod y geiriau yr un mor berthnasol i mi, ond hefyd er mwyn talu teyrnged i feddyliwr trylwyr a gofalus am y Gymraeg sydd wedi bod mor ddiwyd a digyfaddawd wrth weithredu o'i phlaid hi yn ei ffordd ddi-sôn-amdani ond effeithiol ei hun.

Y pwnc y gwahoddwyd fi i'w ystyried yw hawliau iaith a moeseg. Gan mai cyfreithiwr ydwyf wrth fy ngalwedigaeth, rwy'n weddol gysurus wrth sôn am hawliau. Am yr un rheswm, efallai, yr wyf ychydig yn llai cysurus wrth ystyried moeseg. Hoffwn ddiolch yn fawr i chi am roi'r cyfle a'r esgus i mi gael ailymweld â maes difyr cyfreitheg yr ymwelais ag ef ddiwethaf dros ddeng mlynedd ar hugain yn ôl pan oeddwn yn fyfyriwr, a hefyd am y cyfle i ymweld o'r newydd â maes moeseg ddiweddar.

Un o'r pethau a'm trawodd yn syth oedd cymaint sydd wedi ei gyhoeddi am bob agwedd fechan ar y meysydd dan sylw, a pha mor niferus ac amrywiol yw'r agweddau hynny. Fel yn achos y myfyriwr hwnnw ar ddechrau wythdegau'r ganrif ddiwethaf, bu bron i mi ddigalonni wrth sylweddoli na allwn fyth wneud cyfiawnder â'm pwnc, ac ar yr un pryd wneud y pethau eraill hynny y mae angen i ddyn eu gwneud o ddydd i ddydd. Yn wahanol i'r myfyriwr hwnnw, fodd bynnag, rwyf wedi dysgu sut i dorri corneli. Yr wyf yn ymwybodol iawn o rybudd Shakespeare am ffyliaid ac angylion, ond hefyd o'r angen i ddweud rhywbeth yn hytrach na dweud dim. Fyddech chi ddim balchach pe bawn yn dyfynnu Wittgenstein, 'wovon man nicht sprechen kann, darüber muss man schweigen'[2], ac yna tewi. Felly dyma fentro arni.

Ebe'r cyfreithegydd Americanaidd Raymond Wacks: 'It is not only lawyers who employ the term "right" with more enthusiasm than precision'.[3] Pan fydd pobl yn sôn am hawliau, maent yn aml yn golygu pethau gwahanol iawn i'w gilydd, nid yn unig ynglŷn â pha hawl sy'n bodoli neu bwy sy'n meddu arni, ond hefyd am *natur* y cysyniad o 'hawl'. Yn aml hefyd gall yr un person ddefnyddio'r gair (ac felly'r cysyniad) 'hawl' mewn gwahanol ffyrdd. Rwyf am fwrw golwg ar sut y mae'r apêl at hawl yn greiddiol i ddisgwrs a rhethreg y mudiad iaith yng Nghymru, a sut y defnyddir dadleuon dros fodolaeth hawliau sydd yn wahanol iawn i'w gilydd o safbwynt eu seiliau athronyddol a moesegol. Byddaf yn ystyried sut y gellir gweld un o'r dadleuon hyn, sef yr hyn a alwaf y ddadl led-lesyddol, fel rhywbeth sydd yn mynd y tu hwnt i'r cysyniad o hawl yr unigolyn, ac fel enghraifft o duedd i wneud yr hyn a alwaf yn freinio'r Gymraeg. Byddaf wedyn yn bogel-syllu rywfaint ar sut y gall hyn godi cwestiynau moesegol sy'n blino dyn, cyn ceisio lloches dros dro yn y cysyniad o wneud iawn am gam y gorffennol a lloches fwy parhaol, gobeithio, mewn safbwynt sy'n tynnu ar lesyddiaeth dewis (*preference utilitarianism*) yr athronydd Awstralaidd Peter Singer.[4]

Gellir gweld y duedd gynyddol i sôn am hawliau wrth drafod sefyllfa ieithoedd lleiafrifol a'u siaradwyr yn rhannol o leiaf fel enghraifft o duedd ehangach i apelio at hawliau fel cyfiawnhad dros goleddu rhyw safbwynt neu'i gilydd. Wrth i wladwriaethau, asiantaethau cyhoeddus, corfforaethau mawrion a'r marchnadoedd arian fynd yn fwyfwy grymus a dylanwadol ym mywydau pobl, mae'r cysyniad o hawl yn ffordd ddefnyddiol o geisio sicrhau nad yw anghenion unigolion neu leiafrifoedd yn cael eu hesgeuluso. O'i hystyried fel hyn, mae hawl yn erfyn i liniaru effaith grymoedd gwleidyddol, economaidd neu yn wir gorfforol, ac i wrthsefyll yr egwyddor honedig mai 'trechaf treisied, gwannaf gwaedded' yw natur anorfod cymdeithas. Apelir at y cysyniad o hawl yn aml lle bo trefn pethau yn golygu bod rhywun yn cael ei amddifadu o rywbeth y mae eraill yn ei gael yn ddiofyn. Am y rheswm hwnnw, mae hawliau yn aml ynghlwm wrth syniadau o gydraddoldeb a thegwch cymdeithasol. Dyna i chi wreiddyn y cysyniad o hawliau dinesig a hawliau dynol. Yn aml mae creu neu apelio at hawl yn ffordd o wneud cywiriad i gyfundrefn ddiffygiol. Yn y cyd-destun hwn, mae'n werth ystyried cysyniad y cyfreithegydd Americanaidd Ronald Dworkin o hawliau fel 'trymps'. Yn fras, ystyriai mai hawliau yw'r pethau hynny oddi mewn i becyn o ystyriaethau gwleidyddol ehangach sydd yn drech na phob ystyriaeth arall, yn yr un modd ag y mae cerdyn sy'n 'trymp' yn drech na'r rheol mai'r cerdyn uchaf sy'n ennill y tric.

Ond nid mewn cyd-destun rhyddfreiniol yn unig y down ar draws y cysyniad o hawl. Gwelwn ef hefyd mewn cyd-destunau eraill, er enghraifft perchenogi eiddo, contractau economaidd, rheoli neu lywodraethu. Gan adeiladu ar hyn, gallwn wahaniaethu rhwng:

(1) Ar y naill law, hawl X yn erbyn A, lle mae A mewn sefyllfa o rym mewn perthynas ag X. Mae hawliau dynol neu hawliau carcharorion yn enghreifftiau o hyn. Galwaf hyn yn 'hawl yn wyneb grym'.

(2) Ar y llaw arall, hawl X dros A lle mae X mewn sefyllfa o rym mewn perthynas ag A. Enghreifftiau o hyn yw'r cysyniad o hawl ddwyfol brenhinoedd, hawl landlord i dderbyn rhent gan ei denant neu hawl y wladwriaeth i'n dwyn gerbron llys barn am droseddu. 'Hawl grym' yw'r enw y bwriadaf ei ddefnyddio am y math yma o hawl.

Fe welir bod y syniad o hawl yn rhywbeth sydd ynghlwm wrth rym, a mwy na hynny wrth anghyfartalwch grym. Oherwydd eu sefyllfa gymharol ddi-rym ac ymylol yn wyneb ieithoedd mwyafrifol neu ieithoedd swyddogol gwladwriaethau a masnach, tueddwn i feddwl mai hawliau yn wyneb grym yw hawliau yn ymwneud ag ieithoedd 'rhanbarthol' a lleiafrifol. Yn achos y Gymraeg mae genesis y mudiad iaith yn y 1960au, fel rhan o chwyldro cymdeithasol a gwleidyddol rhyddfreiniol y cyfnod hwnnw, yn ein harwain i gredu felly, ac mae gen i gydymdeimlad dwys a greddfol â hynny. Eto, nid yw disgwrs hawliau iaith bob tro yn caniatáu dehongliad rhyddfreiniol diamwys.

Mae'r adroddiad diweddar a ganlyn o wefan Golwg360 yn cynnig man cychwyn defnyddiol i ni:

> Mae Cymdeithas yr Iaith wedi dweud ei bod yn 'hurt ac yn sarhaus' fod asiantaeth yrru yn un o gadarnleoedd y Gymraeg wedi methu darparu profion gyrru yn Gymraeg.
>
> Ar ôl trefnu i wneud y profion Cymraeg ar wefan y DVSA, cafodd pobol o ardal y Bala wybod mai arholwr Saesneg fyddai'n arwain y prawf.
>
> Rhoddwyd y dewis iddyn nhw aros am chwe wythnos i gael gwneud prawf Cymraeg.
>
> Mewn llythyr at y DVSA, mae'r Gymdeithas yn dweud ei fod yn 'fater o hawl' bod pob person yng Nghymru yn cael dewis sefyll eu prawf gyrru yn Gymraeg os ydyn nhw'n dymuno gwneud hynny...
>
> 'Credwn [medd y llythyr] ei fod yn fater o hawl i bob un yng Nghymru dderbyn profion gyrru yn Gymraeg, mae hynny'n arbennig o wir yn y Bala, ardal lle mae dros saithdeg y cant o bobol yn siarad Cymraeg.
>
> 'Mae'r Gymraeg yn iaith swyddogol yng Nghymru, ac mae'ch methiant i ddarparu gwasanaeth Cymraeg yn yr ardal yn hurt, sarhaus ac yn tramgwyddo ar hawliau iaith sylfaenol pobol yr ardal.
>
> 'Os nad ydych yn adfer y gwasanaeth Cymraeg yn syth, byddwn ni'n cysylltu'n bellach gyda Chomisiynydd y Gymraeg gan ofyn iddi ddefnyddio'r camau gorfodi sydd ganddi i sicrhau eich bod yn cydymffurfio gyda'ch dyletswyddau moesol a statudol.'

Mae llythyr Cymdeithas yr Iaith yn defnyddio ambell strategaeth gyfarwydd wrth geisio dwyn perswâd, megis codi cywilydd ('hurt' a 'sarhaus'), a bygwth cwyno i'r Comisiynydd os na fyddai'r gwasanaeth yn cael ei adfer, ond prif sylfaen ei dadl yw mai mater o hawl ydyw fod pobl yn ardal y Bala yn cael arholiad gyrru drwy gyfrwng y Gymraeg.

Os edrychwn yn fanylach, gallwn weld bod yr apêl at hawl yn cael ei gyfiawnhau ar nifer o wahanol seiliau. Dyma nhw yn eu trefn:

1. Mae'n fater o hawl sylfaenol.
2. Mae hyn yn arbennig o wir yn y Bala oherwydd canran y bobl sy'n siarad Cymraeg yno.
3. Mae'r Gymraeg yn iaith swyddogol yng Nghymru.
4. Mae dyletswydd foesol ar y DVSA.
5. Mae dyletswydd statudol ar y DVSA.

Gellir gweld y dadleuon hyn dros gyfiawnhau bodolaeth hawl yn disgyn i dri dosbarth a alwaf, yn betrusgar ddigon, y dosbarth hanfodaidd, y dosbarth cyfreithiol a'r dosbarth lled-lesyddol.

Yn gyntaf mae'r dosbarth hanfodaidd, sy'n cymryd bodolaeth yr hawl fel mater *a priori*. Yn y dosbarth hwn fe roddwn y gosodiad fod cael prawf gyrru Cymraeg yn hawl sylfaenol, a hefyd y gosodiad fod dyletswydd foesol ar y DVSA i ddarparu hynny. Dyma ddatganiadau *a priori* nad oes ymgais i'w cyfiawnhau. Maent yn ymddangos, ar yr olwg gyntaf o leiaf, fel gosodiadau absoliwt o wirionedd: fel hyn mae pethau – datganiadau deontolegol (os deallais y term hwnnw'n iawn).

Dydy hi ddim yn deg nac yn rhesymol, debyg iawn, i ddisgwyl i lythyr a ddyfynnir mewn datganiad i'r wasg gan fudiad ymgyrchu fynd ati i egluro seiliau athronyddol dwfn gosodiad o'r fath, ac annheilwng fyddai awgrymu bod Cymdeithas yr Iaith drwy ddweud hyn yn gosod yr hawl i brawf gyrru drwy gyfrwng y Gymraeg ar yr un gwastad â hawliau eraill yr ystyrir yn aml eu bod yn rhai absoliwt, megis yr hawl i fywyd, er enghraifft. Math o law-fer yw'r apêl at hawl sylfaenol yn y gosodiad hwn. A dweud y gwir, casgliad yw'r gosodiad sy'n deillio o osodiadau eraill sy'n lleoli hawliau iaith oddi mewn i ffframwaith hawliau mwy eang, sy'n gorffwys yn y pen draw ar osodiadau eraill acsiomatig o hawliau dynol sylfaenol. Yn ei gyfrol *Hawl i'r Gymraeg*[5] mae Gwion Lewis yn olrhain sut y mae cysyniadau yr ystyrir eu bod yn rhai sylfaenol o fewn ffframwaith hawliau dynol, megis yr hawl i barch at yr unigolyn, yr hawl i fywyd teuluol a'r hawl i ryddid mynegiant, oll yn gallu arwain at gysyniad o hawliau iaith.

Mae Cymdeithas yr Iaith a Lewis mewn cwmni da. Dyma i chi ran o raglith (*preamble*) y Siarter Ewropeaidd dros Ieithoedd Rhanbarthol a Lleiafrifol:

> Gan ystyried bod yr hawl i ddefnyddio iaith ranbarthol neu leiafrifol mewn bywyd cyhoeddus a phreifat yn hawl ddiymwad sy'n cydymffurfio â'r egwyddorion a ymgorfforir yng Nghyfamod Rhyngwladol y Cenhedloedd Unedig ar Hawliau Sifil a Gwleidyddol, ac yn ôl ysbryd Confensiwn Cyngor Ewrop ar gyfer Gwarchod Hawliau Dynol a Rhyddid Sylfaenol.[6]

Dyma ddatganiad nid yn unig fod yr hawl i ddefnyddio iaith leiafrifol yn hawl nad oes modd ymwared â hi, ond hefyd ei bod yn gydnaws â dau o brif offerynnau cyfraith ryngwladol sy'n datgan hawliau dynol sylfaenol.

Go brin fod angen imi egluro i'r gynulleidfa hon fod y ffordd hon o ystyried hawliau fel egwyddorion neu wirioneddau sylfaenol wedi bod yn destun trafodaeth a ffraeo brwd ymysg athronwyr a chyfreithegwyr. Mae sawl ymosodiad wedi bod ar y ffordd hon o feddwl. Nodaf dri math yn unig yma.

Yn gyntaf, fe nodaf y ddadl bositifaidd, sydd yn haeru nad oes y fath beth â hawl absoliwt neu gyfraith naturiol yn bodoli. Yn ôl y ddadl hon, nid yw hawliau yn ddim mwy na phethau y mae rhai pobl yn haeru y dylent fodoli, ond nad ydynt yn bodoli mewn gwirionedd. Cam-dyb yw drysu rhwng yr hyn ddylai fod a'r hyn

23

sydd yn bod go iawn. Yr hyn sy'n bod go iawn yw cyfundrefnau o reolau sy'n deillio o ryw ffynhonnell y cydnabyddir bod awdurdod ganddi. Mewn geiriau eraill, dim ond o fewn fframwaith cyfreithiol y gellir sôn am hawliau. Yng ngeiriau enwog Jeremy Bentham 'nonsense on stilts' yw dadlau bod hawliau naturiol yn bodoli. Dylid efallai nodi nad yw tad positifiaeth gyfreithiol fodern, H. L. A. Hart, yn ymwrthod yn llwyr â'r syniad fod yna bethau sylfaenol (y *minimum content of natural law*) sy'n angenrheidiol mewn cyfundrefn gyfreithiol er mwyn sicrhau bod cymdeithas yn parhau, ond ymarferoldeb yw sail y rhain yn hytrach na moesoldeb.[7]

Yn ail, nodaf, heb oedi'n rhy hir, y dadleuon perthynolaidd ac ôl-fodernaidd hynny sydd hefyd yn gwadu bodolaeth hawliau absoliwt, ond sydd yn defnyddio'r man cychwyn hwnnw fel sail dros ddadlau mai twyll yw unrhyw gyfundrefn o hawliau.

Yn drydydd, nodaf y clwstwr o ddadleuon sy'n ymwrthod â hawliau ar y sail eu bod yn unigolyddol. Drwy ganolbwyntio ar anghenion neu ddyheadau'r unigolyn anwybyddir anghenion neu ddyheadau cyffredinol. Mae i'r dadleuon hyn sawl man cychwyn, ond fe nodaf yn benodol y ddadl sy'n deillio o lesyddiaeth (neu o leiaf lesyddiaeth hedonistaidd) sy'n haeru mai sail moesoldeb yw ceisio sicrhau hapusrwydd eithaf y nifer eithaf. Mae'r dadleuon hyn yn diffinio'r hyn ddylai fod (neu mewn geiriau eraill, yr hyn sy'n foesol gywir) yn nhermau'r canlyniadau. Nid yw'r gri *fiat justitia et ruant coeli* (gwneled cyfiawnder hyd yn oed pe cwymped yr wybren), sy'n sail i'r cysyniad o gyfiawnder neu hawliau naturiol, yn tycio dim yn y cyd-destun hwn.

Yr ail ddosbarth o ddadleuon dros haeru bod gan bobl y Bala hawl i brawf gyrru Cymraeg yw'r dosbarth cyfreithiol. Yn y dosbarth hwn ceir y gosodiad fod y Gymraeg yn iaith swyddogol yng Nghymru, a bod dyletswydd statudol ar y DVSA i ddarparu prawf Cymraeg. Dyma efallai'r elfen o'r sgwrs hon yr wyf yn teimlo'n fwyaf cysurus yn ei chylch. Twrnai ydw i – ymarferydd cyfreithiol – ac wrth ymdrin â hawliau yn fy ngwaith bob dydd, golwg ymarferol sydd gen i ar beth yw natur hawl. Mae gan rywun hawl os yw'r gyfraith yn cydnabod hynny, ac yn gallu sicrhau hynny drwy lys barn neu ryw awdurdod arall. Mewn geiriau eraill, mae cyfreithadwyedd yn elfen angenrheidiol o bob hawl. Os nad yw'n gyfreithadwy gan neu ar ran y sawl sy'n ei harddel, nid yw'n hawl yng nghyddestun y gyfraith. Wrth feddwl fel hyn am hawliau, yr wyf, fel pob ymarferydd cyfreithiol, yn fath o bositifydd, ac fe'n cyflyrir i feddwl felly. Wedi'r cyfan, go brin y byddai neb yn dymuno cyflogi cyfreithiwr i ddadlau dros fodolaeth neu berchenogaeth hawl, ac eithrio oddi mewn i ryw gyfundrefn gyfreithiol neu'i gilydd. Fel arfer dadleuir dros fodolaeth neu berchenogaeth hawl er mwyn gallu manteisio ar y sicrwydd y bydd llys barn yn ei gorfodi er budd y sawl sy'n ei harddel. Mae wrth gwrs ambell gyd-destun lle mae angen dadlau dros fodolaeth hawl ac eithrio yng nghyd-destun llys barn, megis 'hawl' un wladwriaeth i ymosod ar wladwriaeth arall, ond hyd yn oed wedyn, dadleuir oddi mewn i gyfundrefn o reolau neu gonfensiynau.

Mewn darlith a gofnodir hefyd yn *Efrydiau Athronyddol*, cyfrol LVII, wrth drafod dosbarthiad clasurol y cyfreithegydd Wesley Hohfeld o'i air 'right', ystyriodd y diweddar Athro Dafydd Jenkins (y mae hi'n briodol iawn i mi dalu teyrnged iddo heddiw fel arloeswr ym maes cyfreitheg drwy gyfrwng y Gymraeg) y ddau air Cymraeg 'hawl' ac 'iawnder'. Awgrymodd fod y gair 'hawl' yn briodol i'w ddefnyddio lle bo dyletswydd (neu, yn ei eiriau yntau 'rhwymedigaeth') yn perthyn i'r hawl. Awgrymodd fod y gair 'iawnder', wedyn, yn briodol ar gyfer 'right' yn yr ystyr letach, gyffredin. Hoffwn adeiladu ar hyn ac awgrymu y gallai fod yn ddefnyddiol, o leiaf yng nghyd-destun cyfreitheg, ystyried defnyddio'r gair 'hawl' i ddisgrifio yn unig yr hyn y mae modd ei arfer drwy broses gyfreithiol. Wedi'r cyfan mae'r ferf 'hawlio' yn dynodi proses o fynnu rhywbeth gan rywun arall dan y gyfraith. Drwy fabwysiadu'r confensiwn hwn, gellir gwahaniaethu'n haws, yn y Gymraeg rhwng hawl fel peth (neu destun proses) diriaethol, ac iawnder fel cysyniad haniaethol. Bid a fo am hynny, beth am y gosodiad fod hawl gyfreithiol gan bobl y Bala i brawf gyrru

25

Cymraeg? Mae arna'i ofn na allaf gytuno ag ef. Rwy'n ymwybodol iawn mai cynhadledd am athroniaeth ac nid y gyfraith yw hon, ond maddeuwch i mi am ennyd am egluro fy rhesymau yn fras.

Y cyfiawnhad cyntaf a roddir yn y llythyr dros fodolaeth yr hawl fel mater o gyfraith yw bod y Gymraeg yn iaith swyddogol yng Nghymru. Mae hynny'n gywir, yn yr ystyr ei fod yn aralleiriad digonol o Adran 1(1) o Fesur y Gymraeg (Cymru) 2011, sy'n datgan: 'Mae statws swyddogol i'r Gymraeg yng Nghymru.' Yn nrafft gwreiddiol y Mesur, roedd Adran 1(2) yn gweithredu fel bod effaith gyfreithiol y geiriau hyn yn cael ei chyfyngu i ddarpariaethau penodol eraill yn y Mesur ei hun a rhai deddfau eraill. Nid wyf am ail-fyw y trafodaethau a'r dadlau dwys a fu dros y cymal hwn yn ystod hynt y Mesur drafft drwy'r Senedd yng Nghaerdydd, ond nodaf yn unig y canlyniad, sef bod rhai geiriau wedi eu hychwanegu ar ddechrau adran 1(2) oedd yn gwneud y datganiad o statws swyddogol yn benagored: hynny yw, nid oes cyfyngiad cyfreithiol ar arwyddocâd y datganiad o statws swyddogol, o leiaf ar wyneb y Mesur ei hun.

Tybiaf mai un o'r rhesymau y bu cymaint o wrthwynebiad i'r ychwanegiad hwnnw, gan gynnwys o rai cyfeiriadau annisgwyl, oedd y pryder y gallai hynny esgor ar ddadleuon yn y llysoedd fod hawliau o bob math i gael pob math o bethau yn y Gymraeg[8]. Ond nid yw'r Adran yn dweud hynny, ac nid yw'n dilyn yn rhesymegol o'r datganiad moel fod statws swyddogol gan y Gymraeg fod dyletswydd mewn cyfraith ar gyrff cyhoeddus i ddefnyddio'r Gymraeg wrth ddarparu gwasanaethau. Mae hi serch hynny yn bosibl y bydd rhywun ryw ddydd (a gobeithiaf y daw'r dydd hwnnw) yn llwyddo i ddadlau bod Adran 1(1) yn rheswm ychwanegol dros fynnu bod awdurdod cyhoeddus yn defnyddio'r Gymraeg mewn rhyw gyd-destun penodol. Rwy'n amheus iawn, fodd bynnag, a yw Adran 1(1) ynddi'i hun, yn gallu esgor ar hawl gyfreithadwy. Wedi dweud hynny, ystyriaf fod arwyddocâd pellach i'r apêl at statws swyddogol y Gymraeg, fel y byddaf yn egluro.

Yr ail ddadl yn y dosbarth cyfreithiol dros hawl i brawf gyrru yn y Gymraeg yw'r ddadl fod dyletswydd statudol i ddarparu hynny. Dim ond yn rhannol y mae hynny'n gywir. Ar hyn o bryd, rheolir dyletswyddau Cyrff y Goron fel y DVSA i ddarparu gwasanaethau Cymraeg drwy gynlluniau iaith. Mae cynlluniau iaith yn cynnwys ymrwymiadau ar ran cyrff cyhoeddus y gellir eu galw'n ddyletswyddau. Dyma, er enghraifft, a ddywed cynllun y DVSA:

Y Prawf Ymarferol
Lleolir saith canolfan brawf yng ngogledd Cymru ac 21 yn ne Cymru. Rydym yn monitro amseroedd aros am y prawf ymarferol ar sylfaen gyfun ar gyfer profion Cymraeg a Saesneg. Byddwn yn sicrhau y bydd arholwyr sy'n siarad Cymraeg mewn canolfannau prawf lle mae galw am brofion yn Gymraeg. Gall ymgeisydd ddewis ei iaith/hiaith ddewisach wrth drefnu'r prawf a gall e/hi fod yn hyderus y bydd arholwr y prawf ymarferol yn siarad Cymraeg.

Felly dyma ymrwymiad gan y DVSA i weithredu mewn rhyw fodd penodol. Ond nid yw'r ymrwymiad hwn yn un y gellir ci orfodi drwy lys barn fel hawl gan yr unigolyn sydd wedi dioddef yn sgil torri'r ddyletswydd.

Os yw corff cyhoeddus yn torri dyletswydd mewn cynllun iaith, yna y cwbl y gall rhywun yr effeithiwyd arno ei wneud yw cwyno yn gyntaf i'r corff dan sylw, ac yna i Gomisiynydd y Gymraeg dan Ddeddf yr Iaith Gymraeg 1993. Gall y Comisiynydd gynnal ymchwiliad a pharatoi adroddiad sy'n gwneud argymhellion. Gall Gweinidogion Cymru fabwysiadu'r argymhellion hynny, ac yna eu gorfodi drwy lys barn. Unwaith yn unig y mae argymhellion wedi eu mabwysiadu gan Weinidogion Cymru, sef yn achos cynllun iaith Ofcom, ac nid yw'r argymhellion hynny wedi eu gorfodi. Yn achos Cyrff y Goron, fel y DVSA, nid oes grym gan y Comisiynydd hyd yn oed i wneud argymhellion statudol.

Nid oes modd i'r unigolyn fynd i lys er mwyn gorfodi'r dyletswyddau mewn cynlluniau iaith fel mater o hawl, ac nid oes modd iddo wneud hynny chwaith dan y drefn arfaethedig o safonau iaith dan Fesur y Gymraeg (Cymru) 2011, pan ddaw'r drefn honno i rym.[9] Mae'n hawdd maddau i rai sy'n credu, serch hynny, fod Mesur y Gymraeg wedi esgor ar hawliau iaith, gan mai dyma oedd rhethreg lywodraeth Cymru wrth iddo gael ei gyhoeddi. Nid y Mesur hwnnw yw'r unig ddeddfwriaeth Gymreig lle mae ein llywodraeth wedi datgan yn groyw ei bod yn creu hawliau i rywrai neu'i gilydd, ond nad yw mewn gwirionedd yn creu unrhyw hawliau cyfreithadwy o werth.

Y trydydd math o ddadl a roddir o blaid yr hawl i brawf gyrru Cymraeg yn ardal y Bala yw'r un mwyaf diddorol gen i, sef dadl yr wyf wedi ei dynodi, efallai rywfaint yn annheg, fel un led-lesyddol. Dyma'r ddadl: 'Credwn ei fod yn fater o hawl i bob un yng Nghymru i dderbyn profion gyrru yn Gymraeg, mae hynny'n arbennig o wir yn y Bala, ardal lle mae dros saithdeg y cant o bobol yn siarad Cymraeg.'

Mae'r ddadl hon yn cychwyn fel datganiad o hawl sylfaenol: 'Credwn ei fod yn fater o hawl i bob un yng Nghymru'. Nid ymhelaethir ar sail yr hawl honno ond nid yw hynny'n bwysig. Yr hyn sydd yn ddiddorol yw'r geiriau 'mae hynny'n arbennig o wir yn y Bala'. Ar yr olwg gyntaf, mae rhywbeth yn rhyfedd yma. Sut y gall datganiad fod hawl yn un sylfaenol sy'n bodoli drwy Gymru fod yn 'arbennig o wir' mewn un rhan o Gymru? Os yw'r hawl yn un sylfaenol i bawb yr un fath, yna ni all graddfeydd fodoli.

Unwaith eto, yr wyf yn cydnabod annhegwch gorddadansoddi datganiad i'r wasg gan fudiad ymgyrchu, ond credaf fod y ddadl hon yn rhan o un ffrwd o synied am hawliau iaith sydd dipyn yn wahanol i'r dadleuon a seilir ar hawliau unigol, boed y rheini'n iawnderau 'naturiol' hanfodaidd, neu'n hawliau o fewn cyfundrefn gyfreithiol. Natur y ddadl yw fod modd cyfiawnhau'r apêl at hawl unigol yn gryfach mewn rhai ardaloedd neu amgylchiadau na'i gilydd. Yn yr achos hwn, yr amgylchiadau yw bod cyfran helaeth o boblogaeth yr ardal yn siaradwyr Cymraeg iaith gyntaf. Mae hynny ynddo'i hun yn cryfhau'r sail dros ddadlau bod dyletswydd ar y

DVSA i ddarparu prawf Cymraeg, a thrwy hynny yn cyfiawnhau bodolaeth hawl i gael prawf o'r fath. Gellir dadansoddi hyn fel a ganlyn:

- Mae'r rhan helaethaf o boblogaeth yr ardal yn siarad Cymraeg.
- Bydd y rhan helaethaf o boblogaeth yr ardal yn dymuno cael prawf gyrru drwy gyfrwng y Gymraeg.
- Drwy ddarparu prawf gyrru Cymraeg byddwch yn cyflawni dymuniadau'r rhan helaethaf o'r boblogaeth.
- Felly dylech ddarparu prawf gyrru Cymraeg er mwyn cynyddu hapusrwydd y rhan helaethaf o'r boblogaeth.

Gallwn ychwanegu at y cymal olaf hwn o'r ddadl '…a thrwy hynny hapusrwydd cyffredinol y ddynoliaeth', a dyma pam yr wyf yn ei disgrifio fel dadl led-lesyddol.

Ond mae peth soffistri yn fy nehongliad yma. Mae'n seiliedig ar ddau osodiad acsiomatig, sef:

- Mae'r rhan helaethaf o boblogaeth yr ardal yn siarad Cymraeg.
- Bydd y rhan helaethaf o boblogaeth yr ardal yn dymuno cael prawf gyrru drwy gyfrwng y Gymraeg.

Er bod modd gwirio'r gosodiad cyntaf drwy ddulliau empeiraidd, gan gyfeirio at y Cyfrifiad diweddaraf, nid oes modd gwirio'r ail osodiad heb gynnal arolwg o beth yw dymuniadau pobl yr ardal. Rhagdybiaeth yw hi, ac nid yw o anghenraid yn gywir, er ei bod yn cyd-fynd â thystiolaeth ddiweddar am ddewisiadau siaradwyr Cymraeg rhugl wrth ymwneud â gwasanaethau cyhoeddus[10]. Beth bynnag fo'r gwir, mae hi'n ymddangos yn reddfol gywir y dylai gwasanaethau Cymraeg fod *ar gael* mewn ardaloedd lle mae pobl yn defnyddio'r Gymraeg fel iaith gymunedol bob dydd, hyd yn oed os nad yw pawb a allai fanteisio arnynt yn gwneud hynny.

Rhaid i ni gofio hefyd mai hawl o fath arbennig sydd dan sylw yma, sef yr hawl i dderbyn gwasanaeth Cymraeg neu i ddefnyddio'r Gymraeg yn wyneb rhywun nad yw o anghenraid yn dymuno darparu hynny. Mae hyn yn wahanol i'r hawl (neu'r rhyddid) i ddefnyddio'r Gymraeg rhwng unigolion sydd yn dymuno gwneud hynny (megis yn achos y Stables[11]).

Mae'r cysyniad o fframio hawliau i dderbyn gwasanaeth mewn iaith leiafrifol o fewn tiriogaeth neu amgylchiadau penodol, wrth gwrs, yn gyfarwydd. Mae Mesur y Gymraeg (Cymru) 2011 yn cydnabod y posibilrwydd y gallai'r ddyletswydd i gydymffurfio â safonau iaith amrywio o le i le, ac un o brif nodweddion Siarter Ewrop dros Ieithoedd Rhanbarthol a Lleiafrifol yw'r modd y gall dyletswyddau amrywio yn ôl y nifer neu'r ganran o siaradwyr ieithoedd lleiafrifol mewn tiriogaethau penodol. Mewn rhai gwledydd, yn arbennig rhai a fu'n rhan o'r hen floc Sofietaidd (ond nid yno'n unig), gosodir trothwyon penodol o ran y ganran o siaradwyr ieithoedd lleiafrifol, a bydd hawliau iaith ar gael yn unig lle croesir y ganran honno.

Rwyf am achub ar y cyfle hwn i edrych y tu hwnt i faes hawliau ar gynfas ehangach maes ieithoedd lleiafrifol. Yr ydym wedi gweld dadleuon tebyg i'r un yr wyf wedi ei galw'n lled-lesyddol yn cael eu defnyddio mewn perthynas â sawl agwedd ar bolisi hyrwyddo'r Gymraeg, sef bod rhai mannau yng Nghymru lle mae cryfder y Gymraeg fel iaith gymunedol hyfyw gyfryw fel bod cyfiawnhad (neu fwy o gyfiawnhad) dros gymryd mesurau penodol sy'n ei breinio hi. Drwy ychwanegu at hyn sefyllfa gyfansoddiadol gyfreithiol y Gymraeg fel iaith swyddogol o fewn y politi Cymreig, gosodir sail dros fynnu camau pellgyrhaeddol sy'n mynd y tu hwnt i gysyniadau o hawl y gorthrymedig yn wyneb grym. Yr ydym yn dynesu at faes hawliau grym. Dyna i chi ddarlith ddiweddar Simon Brooks er enghraifft, 'Twf Cenedlaetholdeb Seisnig: Cyfaill 'ta gelyn?' lle mae'n dadlau bod angen sefydlu'r egwyddor o hyrwyddo'r Gymraeg fel iaith sifig yng Nghymru, ac y byddai hynny'n darparu cyfiawnhad dros sicrhau bod mewnfudwyr i rai ardaloedd yng Nghymru yn dysgu Cymraeg, yn yr un modd ag y gellir cyfiawnhau sicrhau bod mewnfudwyr i ardaloedd eraill yn dysgu Saesneg er mwyn cymathu. 'Ni ddylid,' medd Brooks,

'dehongli dwyieithrwydd i olygu hawl ddilyffethair pobl ddi-
Gymraeg sy'n symud i fyw i gymunedau Cymraeg i beidio dysgu
Cymraeg, gan orfodi'r gymuned leol i newid iaith ar eu cyfer.'[12]

I'r sawl sy'n ymarfer y gyfraith, mae'r dadleuon hyn wedi
mynd â ni ymhell o loches gysurus y cysyniad o hawliau unigol
cyfreithadwy. Yr ydym wedi dechrau troedio tiriogaeth lai cynefin
polisi a gwleidyddiaeth, ac mae ambell gwestiwn bach cas yn codi
yng nghefn y meddwl. Os yw lles neu ddymuniadau'r mwyafrif
yn cyfiawnhau breinio'r Gymraeg mewn rhai ardaloedd ar y sail ei
bod hi'n gryf yno, onid yw'r un rhesymeg yn cyfiawnhau breinio'r
Saesneg mewn ardaloedd eraill? Os gwrthodir i ddisgybl yn Nefyn
yr hawl i gludiant gan yr awdurdod addysg i'r ysgol Saesneg
agosaf, ar ba sail foesol (fel mae'n digwydd mae rhywfaint o sail
gyfreithiol[13]) y dadleuwn dros hawl disgybl yng Nghas-gwent dros
gludiant i'r ysgol Gymraeg agosaf? Onid ydym mewn tiriogaeth
lle'r ydym yn dechrau dadlau o blaid y Gymraeg ar sail ei grym, yn
hytrach nag ar sail cyfiawnder yn wyneb grym?

Nawr, mae rhywbeth yn abswrd yn fy mhryderon yma, os
cymhwyswn nhw at yr achos dan sylw. Ni ellir yn rhesymol
ystyried mai deillio o hawl grym y mae dyletswydd y DVSA i
ddarparu prawf gyrru Cymraeg yn ardal y Bala. Nid yw pobl y Bala
yn mynnu prawf gyrru Cymraeg i bawb, gan wrthod profion gyrru
yn y Saesneg i eraill. Gofyn am gyfartalwch triniaeth y maent.
Wedi'r cyfan, fel y profa ymddygiad y DVSA, y Saesneg yw iaith
grym ymarferol yn y cyd-destun hwn, yn sgil y ffaith mai hi yw'r
iaith ddiofyn ar gyfer prawf gyrru, hyd yn oed os yw hi'n iaith
lleiafrif yn ardal y Bala, a hyd yn oed os oes darn o femrwn â
llofnod y Frenhines arno yn datgan bod statws swyddogol gan y
Gymraeg yng Nghymru. Os yw'r hawl yn bod, hawl yn erbyn
grym ydyw sut bynnag y cyfiawnheir hi.

Ond nid wyf am ganiatáu i mi fy hun ddefnyddio tric Houdini
cyfarwydd y cyfreithiwr drwy ddelio â'r achos dan sylw a symud
ymlaen i'r achos nesaf. Mae angen mynd i'r afael, mi gredaf, â
goblygiadau moesol defnyddio dadleuon sy'n gyfarwydd i ni fel rhai

a ddefnyddir er mwyn cynnal grym yr iaith Saesneg (llesyddiaeth, iaith y mwyafrif, iaith swyddogol y wladwriaeth), a hynny er mwyn breinio'r Gymraeg.

Efallai y gellir canfod peth cymorth drwy gamu'n ôl rhag ystyried iaith fel ffenomen unigolyddol yn unig – i ffwrdd, mewn geiriau eraill, o'r cysyniad o hawl yr unigolyn. Wedi'r cyfan, un o brif nodweddion iaith yw mai rhywbeth sy'n gweithredu rhwng pobl a'i gilydd ydyw. Mae'n ffenomen gymdeithasol. Drwy iaith y mae pobl yn cydweithio er eu lles eu hunain ac er lles ei gilydd. Drwy iaith hefyd y mae pobl yn cydweithio er mwyn rheoli, llywodraethu a gormesu eraill.

Mae twf cenedl-wladwriaethau modern wedi bod ynghlwm wrth bolisïau o osod unffurfiaeth ieithyddol swyddogol dros diriogaethau amlieithog. Gall hyn fod ar sail gorfodaeth ormesol, megis yn achos gwahardd siarad Catalaneg yn gyhoeddus adeg Franco neu'r Gymraeg adeg y *Welsh Not*, neu gall fod ar sail fwy cynnil, megis addewid ymhlyg yn y wladwriaeth les i ganiatáu ei breiniau i bob dinesydd yn ddiwahân, cyhyd ag y bo'n ymwneud â hi drwy gyfrwng yr iaith y mae'r wladwriaeth hithau'n ei mynnu – boed Saesneg neu Swedeg neu Ffrangeg. Drwy brosesau fel hyn, fe freinir un iaith, a'r bobl sy'n ei siarad, â statws uwch neu gryfach ar draul iaith arall a'r bobl sy'n ei siarad hithau.

Gellir gweld breinio iaith leiafrifol, yn arbennig o fewn cymunedau lle mae hi'n gryf, fel modd o wneud yn iawn am yr anghyfartalwch statws y mae'r prosesau hynny wedi esgor arno, ac fel modd hefyd o'i liniaru. Gellir dadlau hefyd nad yw hynny'n esgor ar ostyngiad yn statws yr iaith fwyafrifol a'i siaradwyr, gan fod ei safle fel iaith ddiofyn y rhan fwyaf o weithrediadau'r wladwriaeth yn sicrhau statws uchel iddi beth bynnag.

Wrth feddwl fel hyn, yr ydym yn dynesu at synied am hawliau iaith nid fel pethau a arddelir gan unigolion ond fel pethau a arddelir gan gymunedau neu grwpiau. Mae llawer o'r disgwrs am hawliau lleiafrifol yn synied am hawliau yn y ffordd hon. I'r cyfreithiwr sydd wedi ei fagu yn y traddodiad Cambro-Seisnig, nid hawliau go iawn yw'r rhain wrth reswm am y rhesymau positifaidd a nodais uchod. Dan unrhyw gyfundrefn gyfreithiol, cyn gallu hawlio mewn llys barn, rhaid cael *locus standi*[14], hynny yw statws a gydnabyddir dan y gyfundrefn honno fel un sy'n cyfiawnhau dwyn yr achos yn y lle cyntaf. Tra bo gan unigolion a chorfforaethau *locus standi*, ar eu pennau eu hunain neu gyda'i gilydd, nid oes gan gymunedau na lleiafrifoedd fel y cyfryw *locus standi*. Yn sicr, nid oes *locus standi* gan iaith fel y cyfryw. Wedi dweud hynny, mae'r gyfundrefn gyfreithiol yng Nghymru yn cynnig llwybr ar gyfer arddel rhywbeth yn debyg i hawliau cymunedol. Y llwybr hwnnw yw adolygiad barnwrol.

Yr wyf am sôn ychydig yn awr am foch daear. Fel unrhyw anifail arall, nid oes *locus standi* gan fochyn daear, fwy nag sydd gan goeden neu adeilad neu ddarn o bren. Felly, nid oes modd ystyried, yn unol â'r dadansoddiad confensiynol, fod hawliau cyfreithiol gan foch daear. Eto, fe lwyddodd mudiad o'r enw The Badger Trust i ddwyn achos llys yn erbyn Llywodraeth Cymru er mwyn diogelu moch daear rhag cael eu difa yn ne-orllewin Cymru. Gallent wneud hynny am ddau reswm: yn gyntaf am fod deddf yn bod sy'n rheoli sut ac o dan ba amgylchiadau y gellir cyfiawnhau difa moch daear, ac yn ail am fod y llys wedi derbyn bod gan The Badger Trust fudd digonol mewn cyswllt â'i hyn a fwriedid gan y Gweinidog, Elin Jones, fel bod *locus standi* ganddynt i ddwyn achos er mwyn sicrhau bod y ddeddf honno yn cael ei gweithredu'n gywir.[15]

Nawr, mewn nifer o achosion lle na chedwir at reolau statudol, megis ym maes addysg, bydd buddiannau uniongyrchol unigolion yn y fantol, a bydd gan yr unigolion hynny *locus standi*, ac yn wir mae sawl achos wedi ei ddwyn yn erbyn awdurdodau addysg Cymru yn enw unigolion o'r fath er mwyn sicrhau cludiant i addysg Gymraeg. Eto, gall sefyllfaoedd godi lle mae'n anos (neu'n llai credadwy) dadlau bod buddiannau uniongyrchol unigolion wedi eu heffeithio. Enghraifft o hyn yw darlledu Cymraeg. Mae'r drefn o reoli ac ariannu S4C wedi ei gosod mewn deddf. Pe bai'r drefn honno yn cael ei thorri, yna, fel y saif y gyfraith ar hyn o bryd, byddai *locus standi* gan fudiad sy'n bodoli er mwyn hyrwyddo'r Gymraeg i rwystro hynny. Byddai'r mudiad, mewn ystyr lac iawn, yn sefyll dros hawl y gymuned Gymraeg i sianel deledu.

Ac eto, drwy lithro'n ôl, gyda chymorth y moch daear, i diriogaeth gyfarwydd a chysurus byd y gyfraith ffurfiol, yr wyf wedi llwyddo i osgoi mynd i'r afael go iawn â'r cwestiwn anodd moesol a godais gynnau. Sut y mae cyfiawnhau breinio'r Gymraeg ar sail dadleuon a ddefnyddir, mewn perthynas â'r Saesneg, i wastrodi'r Gymraeg? Mae'r ddadl o safbwynt gwneud iawn am orthrwm neu esgeulustod y gorffennol drwy gymryd camau i gywiro anghyfartalwch statws yn y presennol yn apelio ataf yn emosiynol, ac mae sgwennwyr fel Stephen May[16] yn pwyso'n drwm arni fel cyfiawnhad moesegol cryf dros gymryd camau i gynnal braich ieithoedd a fu dan orthrwm.

Efallai fod angen i mi newid y ffocws rywfaint. Yr wyf wedi sôn tipyn am hawliau yn wyneb grym, a hawliau grym, gan ganolbwyntio ar yr *hawliau*, ond efallai fod angen i mi ystyried *grym* am ychydig. Mewn sefyllfaoedd lle bo mwy nag un iaith yn cydfodoli bydd wastad tensiynau grym rhwng ieithoedd a'i gilydd, a bydd y rhain yn ymddangos mewn pob math o gyd-destunau. Tra bo cyrraedd ecwilibriwm a chydraddoldeb grym yn ddelfryd y dylem anelu ati a cheisio ei chyrraedd, dim ond dod yn nes ati a wnawn; ni ellir ei chyrraedd ym mhob cyd-destun o hyd. Bydd rhyw iaith o hyd yn fwy grymus nag un arall.

O'r ddwy brif iaith a ddefnyddir yng Nghymru, y Gymraeg sydd ar y cyfan yn parhau i fod wannaf o ran ei grym yn y rhan fwyaf o gyd-destunau, a hynny o bell ffordd. Rhaid i ni dderbyn y gwirionedd, mewn rhai meysydd a chyd-destunau, mai Saesneg sydd gryfaf, yn rhannol o leiaf am ei bod hi wedi ei breinio ynddynt ers cyhyd. Yn y cyd-destunau hynny mae'r apêl at hawliau unigolion yn wyneb grym yn gyfan gwbl greiddiol er mwyn sicrhau tegwch i aelodau o'r gymuned Gymraeg. A dweud y gwir, heb y cysyniad o iawnderau a hawliau iaith yn y cyd-destunau a'r meysydd hynny, nid oes fawr o obaith i'r Gymraeg ynddynt.

Os ydym yn coleddu o ddifrif y cysyniad o gydraddoldeb i'r ddwy iaith, yna mae angen derbyn hefyd ei bod hi'n iawn fod rhai cyd-destunau ac ardaloedd lle bydd y Gymraeg gryfaf, a bod angen ei breinio hi er mwyn sicrhau a chadarnhau hynny. Dadl yw hon sy'n seiliedig ar gysyniad o *gyfiawnder rhwng* pobl a'i gilydd, yn hytrach na hawl *dros* neu hawl *yn erbyn* ei gilydd. Eto, mae rhan ohonof sy'n dal i ofidio a yw hyn yn gyfiawnhad moesegol digonol dros freinio'r Gymraeg. Mewn geiriau eraill, ar ba sail foesegol mae cyfiawnhau rhoi'r llaw uchaf i'r Gymraeg, pan ddown i ystyried sefyllfa unigolion a'u hiawnderau?

Dyma'r rhan ohonof, siŵr o fod, sy'n ffafrio synied am y Gymraeg fel tipyn o boendod i'r rhai sy'n credu mewn trefn, yn hytrach nag fel rhywbeth sydd yn cynnal y drefn, ac sy'n ei chael hi'n haws cyfiawnhau hawliau yn wyneb grym na hawliau grym.[17] Ond mae mwy na theimlad anghysurus wrth wraidd fy nghwestiynau. Onid yw'n un o seiliau moeseg ei bod yn ofynnol i ni allu cymhwyso'r egwyddorion moesol a ddewiswn yn gyffredinol? Fel y dywed y llesyddwr Peter Singer:

> When we make ethical judgments, we must go beyond a personal or sectional point of view and take into account the interests of all those affected, unless we have sound ethical grounds for doing otherwise. This means that we weigh interests, considered simply as interests, and not my interests, or the interests of people of European descent, or of people with IQ higher than 100. This provides us with a basic principle of equality: the principle of equal consideration of interests.[18]

Mewn geiriau eraill, ni allwn freinio'r Gymraeg, am fod hynny'n fuddiant i rai pobl, heb ystyried buddiannau pobl eraill ar yr un pryd. O roi 'Saesneg' yn lle 'Cymraeg' yn y frawddeg flaenorol, gallwn weld y pwynt yn syth.

Geilw Singer ei fath yntau o lesyddiaeth yn '*preference utilitarianism*'. O'i chyferbynnu â '*hedonistic utilitarianism*' Bentham,

Mill ac ati, nid ceisio hapusrwydd eithaf y nifer eithaf yw'r nod, ond yn hytrach wneud yr hyn "which on balance furthers the preferences of those affected". Nid oes gennyf ymadrodd Cymraeg digonol i gyfleu *'preference utilitarianism'*, ond cynigiaf lesyddiaeth dewis.

Efallai y dylwn edrych eto yn wyneb fformiwla Singer ar fy nhric Houdini. A yw breinio'r Gymraeg o anghenraid yn golygu difreinio'r Saesneg a'i siaradwyr i raddau annerbyniol, wrth bwyso buddiannau? Pwrpas breinio'r Gymraeg yw sicrhau parhad iaith leiafrifol yn wyneb sefyllfa o anghyfartalwch grym. Mae hynny yn fuddiant i'r rhai sydd yn ei defnyddio fel prif iaith neu famiaith, i'r rhai sy'n dewis ei defnyddio, i'r rhai sydd yn dymuno ei dysgu ac hefyd i ddisgynyddion yr holl bobl hyn, yn bennaf efallai am ei fod yn darparu cyd-destun cymdeithasol a seicolegol sy'n golygu eu bod yn gallu byw eu bywydau drwy'r Gymraeg i'r graddau eithaf posibl. Galwaf y dosbarth yma yn 'gymuned Gymraeg' ar gyfer dibenion y papur hwn.

Rhaid ystyried wyneb yn wyneb â'r buddiant hwn fuddiannau'r rhai hynny nad ydynt o fewn y categorïau a nodais, ac yn arbennig y garfan honno sy'n debygol o fod yn fwyafrif yn eu mysg, sef pobl nad ydynt yn medru *nac yn dymuno* siarad Cymraeg, ond sydd yn medru siarad Saesneg (galwaf y dosbarth hwn yn 'siaradwyr Saesneg penderfynol' ar gyfer dibenion y papur hwn). A yw buddiannau siaradwyr Saesneg penderfynol mewn ardal lle mae'r Gymraeg yn gryf gyfryw fel eu bod yn gorbwyso ac yn trechu buddiannau'r gymuned Gymraeg? Mae hynny'n dibynnu, wrth gwrs, ar sut y mae'r Gymraeg yn cael ei breinio ac ym mha amgylchiadau. Wedi dweud hynny, fodd bynnag, mae hi'n anodd dychmygu unrhyw gamau sy'n debygol o gael eu cymryd (o fewn y gyfraith) i freinio'r Gymraeg mewn ardaloedd lle mae'r Gymraeg yn iaith gymunedol gref a fyddai gyfryw fel bod yr effaith niweidiol ar fuddiannau siaradwyr Saesneg penderfynol yn eu gwneud yn annilys.

Yn y lle cyntaf, fel y crybwyllais eisioes, mae grym a sefyllfa ddiofyn yr iaith Saesneg ledled Cymru yn sicrhau i'w siaradwyr statws cyflawn fel dinasyddion sy'n gallu derbyn pob gwasanaeth a braint gan y wladwriaeth yn eu dewis iaith. Mae hefyd yn golygu y gallant fyw eu bywyd yn llawn drwy eu dewis iaith a bod yn ffyddiog y bydd eu disgynyddion yn gallu gwneud hynny.

Rhaid peidio â cholli golwg ar y ffaith sylfaenol nad yw'r ddysgl yn wastad cyn cychwyn, a beth bynnag fo'i sefyllfa, bod y Gymraeg mewn gwirionedd mewn cyd-destun o anghyfartalwch grym yn wyneb yr iaith Saesneg. Dim ond i raddau bychain iawn y byddai breinio'r Gymraeg mewn ardaloedd lle mae hi'n iaith fwyafrifol yn amharu ar sefyllfa siaradwyr Saesneg penderfynol yn yr ardaloedd hynny, sef lle mae'r trefniadau gyfryw fel bod rhyw wasanaeth neu fudd dim ond ar gael i rywun sy'n medru Cymraeg, er enghraifft swyddi lle mae'r Gymraeg yn orfodol, a hyd yn oed wedyn gellir lliniaru effaith drwy gynnig addysg neu hyfforddiant. Os yw penderfyniad unigolyn i siarad Saesneg gyfryw fel na fyn dderbyn yr addysg neu'r hyfforddiant, yna ei ddewis ef yw hynny, ond ni ddylai hynny orbwyso buddiannau'r gymuned Gymraeg mewn peuoedd lle mae'r Gymraeg yn gryf.

Mae cyfraith ryngwladol, gyda llaw, yn ein helpu yma drwy erthygl 7.2 o Siarter Ewrop dros Ieithoedd Rhanbarthol a Lleiafrifol. Ynddi, mae'r gwladwriaethau sy'n rhwym wrth y Siarter yn ymrwymo i ddileu unrhyw wahaniaethu, all-gau, cyfyngu neu ffafrio na ellir mo'u cyfiawnhau mewn perthynas â defnyddio iaith ranbarthol neu leiafrifol ac fe nodir hyn yn benodol:

Nid ystyrir bod mabwysiadu mesurau arbennig o blaid ieithoedd rhanbarthol neu leiafrifol sydd â'r nod o hyrwyddo cydraddoldeb rhwng defnyddwyr yr ieithoedd hynny a gweddill y boblogaeth neu sydd yn ystyried yn briodol eu hamgylchiadau penodol, yn weithred o wahaniaethu yn erbyn defnyddwyr ieithoedd mwy eang eu defnydd.[19]

Efallai, o dynnu'r llinynnau hyn ynghyd, fod gennym egin ffordd o gysoni breinio'r Gymraeg â moeseg hawliau unigol yn wyneb grym, drwy gydnabod:

- yn gyntaf, fod gan bobl sy'n rhan o'r gymuned Gymraeg fuddiant o sicrhau parhad yr iaith fel iaith fyw gref mewn cymunedau;
- yn ail, fod y Gymraeg yn bodoli, ac yn debygol o barhau i fodoli, mewn sefyllfa o anghyfartalwch grym yn wyneb yr iaith Saesneg yn y rhan helaethaf o gyd-destunau;
- yn drydydd, fod cyfiawnhad felly dros freinio'r Gymraeg;
- yn bedwerydd, fod breinio'r Gymraeg mewn ardaloedd lle mae hi'n iaith gymunedol gref yn golygu cymryd camau sy'n cadarnhau ei grym yn yr ardaloedd hynny;
- yn bumed, fod angen ystyried a phwyso buddiannau'r rhai nad ydynt yn rhan o'r gymuned Gymraeg wrth wneud hynny, rhag creu anghyfiawnder iddyn nhw fel unigolion, ond gan gadw mewn cof fod buddiannau'r rhai hynny sy'n siaradwyr Saesneg ar y cyfan yn cael eu gwarchod yn ddiofyn oherwydd grym cymharol yr iaith Saesneg dros y Gymraeg o fewn gwladwriaeth y Deyrnas Gyfunol a'r politi Cymreig.

Nid wyf yn honni bod hyn yn wreiddiol nac yn ddibroblem, ond fe all fod yn ddefnyddiol wrth i'r Gymraeg wynebu sefyllfa wrthebus lle mae hi dan warchae yn fwy nag erioed yn ei chadarnleoedd, ond lle mae ganddi fwy o statws a grym cyfreithiol nag a fu ganddi ers yn agos i bum can mlynedd.

Nodiadau

[1] Davies, G. P. (1994), 'A yw'r Ddeddf yn Anrhydeddus?' *Efrydiau Athronyddol*, LVII, t. 1.

[2] 'Am yr hyn na all dyn siarad yn ei gylch, fe ddylai dyn dewi', neu'n llai chwareus efallai: 'Am yr hyn na ellir siarad yn ei gylch, dylid tewi.'

[3] Wacks, R. (2005), *Understanding Jurisprudence*, trydydd arg. 'Rhydychen: Oxford University Press.'. 2012, t. 233.

4   Er rhaid cyfaddef bod Singer yn rhywfaint o *deus ex machina*

5   Y Lolfa, 2008.

6   Considering that the right to use a regional or minority language in private
     and public life is an inalienable right conforming to the principles embodied
     in the United Nations International Covenant on Civil and Political Rights,
     and according to the spirit of the Council of Europe Convention for the
     Protection of Human Rights and Fundamental Freedoms...

7   Hart, H. L. A (1961), *The Concept of Law*. 'Rhydychen: Oxford University
     Press.'.

8   Mae hyn yn dwyn i gof sylw'r plismon pentre hwnnw a ddaliodd
     ymgyrchwyr iaith o'm cydnabod yn paentio arwyddion dri degawd a mwy
     yn ôl: 'Cerwch gartre, bois bach. Byddwch chi moyn tuns pys yn Gymra'g
     nesa.'

9   Wrth baratoi'r ddarlith hon ar gyfer ei chyhoeddi (Ionawr 2015), mae'r drefn
     wedi dechrau dod i rym. Gan fod y DVSA yn dod o dan adain un o adrannau
     Llywodraeth San Steffan, fodd bynnag, mae'n debygol y bydd hi'n dipyn o
     amser eto cyn y bydd safonau iaith yn dod yn 'benodol gymwys' iddi.

10   Er bod adroddiadau'n awgrymu mai canran gymharol fechan o siaradwyr
     Cymraeg sy'n dewis rhai mathau o wasanaethau Cymraeg, e.e. ym maes
     bancio, mae Adran 18 o Arolwg Defnydd Iaith diweddaraf Llywodraeth
     Cymru, Comisiynydd y Gymraeg a'r ONS yn awgrymu bod o leiaf hanner
     siaradwyr y Gymraeg yn ceisio gwasanaethau cyhoeddus drwy gyfrwng y
     Gymraeg, a 78% o siaradwyr rhugl yn ceisio hynny. Gw: http://wales.gov.
     uk/docs/statistics/2015/150129-welsh-language-use-survey-cy.pdf

11   Gw. *Williams v Cowell and another (trading as The Stables)* [1999] All ER (D)
     822. Am y rhyddid i siarad Cymraeg, gweler Rhan 6 o Fesur y Gymraeg
     (Cymru) 2011.

12   Darlith y Sefydliad Materion Cymreig yn Eisteddfod Awst 2014.
     Gellir cyrchu copi yma: http://www.clickonwales.org/2014/09/twf-
     cenedlaetholdeb-seisnig-cyfaill-ta-gelyn/

13   Gw. Adran 10 o Fesur Teithio gan Ddysgwyr (Cymru) 2008.

14   Yn llythrennol, 'lle i sefyll'.

15   Gw. *R. v Welsh Ministers ex p. Badger Trust* [2010] EWCA Civ 807.

16   Gw. er enghraifft, May, S. (2003), 'Misconceiving Language Rights', yn
     Kymlicka, W. a Patten, A. (goln), *Language Rights and Political Theory*.
     Rhydychen: Gwasg Prifysgol Rhydychen.

17   Wrth glywed fy hun yn dweud hyn, meddyliaf am rybudd fy nhad wrthyf
     pan fyddwn yn fy arddegau yn datgan rhyw safbwynt mwy radical na'i gilydd.
     'Truth forever on the scaffold, Wrong forever on the throne' dywedai, gan
     ddyfynnu cerdd ddelfrytgar yr Americanwr James Russell Lowell mewn llais
     oedd yn awgrymu mai *cop-out* oedd credu bod moesoldeb bob tro ar ochr y
     rebel.

18   Singer, P. (1980), *Practical Ethics*, trydydd arg. 'Caergrawnt: Cambridge
     University Press, 2011'. t. 20. Mae Singer yn gymeriad dadleuol. Bu'n

arloeswr ym maes iawnderau anifeiliaid. Mae ei resymeg wedi arwain rhai i ddadlau ei fod yn cefnogi ewgeneg, ac fe waharddwyd ef o sawl cynhadledd. Y mae yntau wedi ei amddiffyn ei hun yn erbyn yr hyn a wêl fel ystumio ar ei ddadleuon.

[19] 'The Parties undertake to eliminate, if they have not yet done so, any unjustified distinction, exclusion, restriction or preference relating to the use of a regional or minority language and intended to discourage or endanger the maintenance or development of it. The adoption of special measures in favour of regional or minority languages aimed at promoting equality between the users of these languages and the rest of the population or which take due account of their specific conditions is not considered to be an act of discrimination against the users of more widely-used languages.'

Anghenion Ieithyddol fel Anghenion Gofal Iechyd

Steven D. Edwards

YN Y PAPUR HWN cychwynnaf drwy egluro pam rwy'n trafod *anghenion* ieithyddol yn hytrach na *hawliau* ieithyddol. Yna gwahenir anghenion a dymuniadau, a chyflwynir yr egwyddor blaenoriaeth (*the principle of precedence*). Wedi gwneud hynny, diffinnir anghenion gofal iechyd er mwyn dangos y berthynas agos rhwng anghenion iechyd ac anghenion ieithyddol. Bydd hyn yn arwain at gasgliad sydd braidd yn groes i'r graen, sef y casgliad fod gan glaf o Wlad Pwyl, er enghraifft, yr un hawl i gael ei drin yn ei famiaith â chlaf o Gymru, a hynny er gwaethaf bod yng Nghymru. Wrth derfynu'r papur, ystyrir pedair dadl yn erbyn y casgliad dadleuol hwnnw.

Pam *anghenion* ieithyddol yn hytrach na *hawliau* ieithyddol?

Yn gyffredinol, mae sylwebyddion yn trafod hawliau ieithyddol yn hytrach nag anghenion ieithyddol (e.e., UNESCO, 1966; Lewis, 2008), a honna Fletcher (2001) fod gan bob claf yr hawl i gael ei drin yn ei famiaith yn ôl Deddf Hawliau Dynol 1998. Ond yma sonnir am anghenion am dri rheswm.

Yn gyntaf, seilir rhai hawliau sylfaenol ar anghenion. Dywed Wiggins: 'It has been felt for a long time that there must be some intimate connection between the needs of human beings and their abstract rights' (1987, t. 1) ac wrth drafod hawliau sylfaenol cynigir yr enghraifft hon gan Waldron: 'Everyone has the right to basic subsistence' (1984, t. 5). Mae'n amlwg mai sylfaen yr hawl hon

41

yw'r ffaith fod angen am fwyd ar bawb. Ymhellach, ystyrier yr hawl i addysg, neu'r hawl i ofal iechyd; mae angen addysg arnom er mwyn chwarae ein rhan mewn cymdeithas. Heb fod yn gallu darllen ac ysgrifennu, byddai rhywun dan anfantais sylweddol; câi drafferth gwneud pethau sylfaenol fel siopa, defnyddio cyfrifiaduron, pleidleisio a gyrru, heb sôn am dasgau mwy cymhleth. Hefyd ni fyddai'n gallu gweithio mewn nifer fawr o swyddi. Yng nghyddestun gofal iechyd, mae'n amlwg fod angen gofal iechyd arnom er mwyn cadw'n fyw a chael byw mewn cymdeithas. Ar ben hynny, pan fydd pobl yn apelio at yr hawl i fyw, neu'r hawl i fyw mewn diogelwch, unwaith yn rhagor, apelio y maent at yr angen i fyw er mwyn cymryd rhan mewn cymdeithas a bod yn saff wrth wneud hynny.

Ar lefel ddyfnach fyth, gwelir cysylltiad rhwng anghenion sylfaenol a'r posibilrwydd o fyw yn dda. Mae'r syniad o anghenion sylfaenol yn tynnu sylw at y pethau a ragdybir gan y syniad o'r bywyd da. Cyn mwynhau unrhyw fath o fywyd, mae'n hanfodol fod rhai amodau wedi'u cyflawni ar ein rhan. Y rheiny yw'r pethau sy'n hanfodol i gael unrhyw fath o fywyd ac i feddwl am fyw'n dda yn y lle cyntaf. Felly, wrth feddwl am hawliau sylfaenol, amlygir pwysigrwydd nifer o'n hanghenion ni.

Yn ail, trwy feddwl am anghenion, gellir meddwl hefyd am y gwahaniaeth rhwng anghenion a dymuniadau mewn cyd-destun ieithyddol. Yn achos y rheiny sy'n gwbl gyfforddus yn y ddwy iaith – y Saesneg a'r Gymraeg – a oes angen siarad Cymraeg arnynt ynteu ai dymuniad ydyw?

Yn olaf, gall y strategaeth hon daflu goleuni ar y ddadl ynghylch parchu hawliau ieithyddol yng nghyd-destun gofal iechyd a'r tu hwnt.

Gwahanu anghenion a dymuniadau

Yn gyffredinol, delir bod gwahaniaeth rhwng y ddau gysyniad – sef anghenion a dymuniadau – a bod anghenion yn bwysicach na dymuniadau o safbwynt moesegol (Callaghan, 2007, t. 135; Beauchamp a Childress, 2009; Seedhouse, 1998). Seilir y gwahaniaeth ar sawl ffactor. Yn gyntaf, mae'n amlwg y gall person mewn angen beidio â bod yn ymwybodol o'r ffaith. Mae angen dŵr, bwyd ac ocsigen ar glaf mewn coma, er enghraifft, ac mae hynny yn wir hyd yn oed os na all y claf feddwl am anghenion o'r fath. Ond ni ellir dweud yr un peth am ddymuniadau. Er mwyn cael dymuniadau mae'n rhaid bod yn ymwybodol a meddwl am yr hyn a ddymunir. Am y rheswm hwn, mae Griffin yn disgrifio 'dymuno' fel berf fwriadol (1986, t. 41). Nid berf o'r un fath yw 'angen' (gall 'angen' fod yn ferf ac yn enw yn y Gymraeg, wrth gwrs).

Yn ail, mae perthynas agos iawn rhwng niwed ac anghenion, ond nid yw hyn yn wir wrth ystyried y berthynas rhwng dymuniadau a niwed. Os na ddiwellir ein hanghenion, cawn ein niweidio o ganlyniad, ond nid yw hynny'n wir i'r un graddau wrth ystyried dymuniadau (gw. Callaghan, op. cit.; Schramme, 2007a). Os oes anghenion gofal iechyd ar rywun sydd heb eu diwallu, fe'i niweidir. Ond ynghylch dymuniadau, os na ddiwellir dymuniadau, er na fydd y person yn cael ei lesáu ni chaiff ei niweidio chwaith. Er enghraifft, pe bai rhywun am brynu beic newydd, ni châi niwed o fethu âi fforddio.

Felly, tra bod anghenion â chysylltiad yn agos iawn â niwed, nid yw hynny'n wir i'r un graddau yn achos dymuniadau. Gellir honni bod dymuniadau yn gysylltiedig â methu cael eich llesáu, ond mae esgeuluso anghenion rhywun yn waeth o lawer nag esgeuluso ei ddymuniadau o safbwynt lles y person. Mae hynny yn wir oherwydd y berthynas rhwng anghenion a niwed ar y naill law, a rhwng dymuniadau a methu â chael eich llesáu ar y llall. Oherwydd y gwahaniaeth sylfaenol hwn, deil Callaghan (2007) fod angen i unrhyw system ofal iechyd gynaliadwy flaenoriaethu anghenion yn hytrach na dymuniadau.

Gellir tynnu sylw at y gwahaniaeth rhwng anghenion a

dymuniadau mewn modd arall, sy'n fwy haniaethol, efallai, na'r hyn a honnir hyd yma. Gellid honni bod yn rhaid diwallu anghenion er mwyn i berson allu byw bywyd da. Trwy ddiwallu anghenion pobl eraill sicrheir eu gallu i gymryd rhan mewn cymdeithas a dewis beth yw byw yn dda yn ôl eu gwerthoedd nhw; rhagamodau, felly, yw anghenion yn ôl y farn honno. Oni bai fod anghenion y person wedi'u diwallu, tanseilir ei gyfle i fyw bywyd da, neu i chwarae rhan mewn cymdeithas. Ond yn achos dymuniadau, adlewyrchiad ydynt o syniadau'r person o beth yw bywyd da. Ystyrier y person sydd am brynu beic newydd: gall y dewis hwnnw adlewyrchu'r ffaith ei fod yn meddwl bod beicio yn beth da i'w wneud. Felly, mae'r dymuniad hwnnw yn adlewyrchu barn y person ynglŷn â beth yw bywyd da.

Felly, hyd yma lluniwyd tri modd i wahaniaethu rhwng anghenion a dymuniadau. Mae cyswllt angenrheidiol, neu agos iawn, rhwng bod mewn angen a niwed, ond ni welir cyswllt o'r un fath yn achos dymuniadau. Seilir yr honiad fod parchu anghenion, o safbwynt moesegol, yn bwysicach na pharchu dymuniadau ar y gosodiad hwnnw. Oherwydd hynny, wrth drafod y berthynas rhwng anghenion a dymuniadau mae Frankfurt (1984, t. 3) yn cynnig yr egwyddor blaenoriaeth (*principle of precedence*). Yn ôl yr egwyddor honno:

A person's morally interesting needs need to be met, then, because harm will ensue if they are not.

Ond hefyd ychwanega Frankfurt:

But in addition, the link to harm must be of such a nature that whether or not the harm ensues is outside the person's voluntary control. (ibid., t. 7)

Felly, ychwanegir amod ddiddorol at yr hyn a honnir yn y frawddeg gyntaf. Yn ôl yr ail frawddeg, dylid diwallu anghenion person ar yr amod na all y person wneud hynny drosto'i hun. Bydd hynny yn bwysig iawn yn nes ymlaen yn y papur.

Hyd yma, felly, trafodwyd y cyswllt rhwng hawliau ac anghenion, a gwahanwyd anghenion a dymuniadau; hefyd tynnwyd sylw at egwyddor Frankfurt, sef yr egwyddor blaenoriaeth. Yn awr, trown at anghenion yng nghyd-destun gofal iechyd.

Anghenion gofal iechyd

Yn gyffredinol, credir bod anghenion gofal iechyd yn bodoli (e.e., Doyal a Gough, 1991, t. 56; Callaghan, 2007) a'u bod yn codi yn sgil problemau iechyd megis trawiad ar y galon, llid y pendics, torri coes, a.y.b. Swyddogaeth bwysig y Gwasanaeth Iechyd Gwladol yw ymateb i anghenion gofal iechyd y cyhoedd, e.e. yn ddiweddar cyhoeddwyd fframwaith ynghylch gofalu am bobl hŷn ag 'anghenion cymhleth' yn y maes iechyd a gofal cymdeithasol (Llywodraeth Cymru, 2014b). Hefyd, adroddwyd bod aelodau o staff yn methu â diwallu anghenion iechyd cleifion yn ne Cymru (Andrews a Butler, 2014).

Felly, codir cwestiwn ynghylch sut y diffinnir 'anghenion gofal iechyd'. Rhagdybir gwahanol ddiffiniadau mewn gwahanol ddamcaniaethau o dermau fel 'clefyd', 'salwch', ac 'iechyd'. Ar sail y diffiniadau hyn, gellir penderfynu sut y dylai'r llywodraeth ymateb i anghenion gofal iechyd. Er enghraifft, yn ôl Daniels:

A theory of health care needs must come to grips with two widely held judgements: that there is something especially important about health care, and that some kinds of health care are more important than others. (1985, t. 20)

Dadleua Daniels fod iechyd, ac felly ofal iechyd, yn bwysig gan ei fod yn hanfodol i gael cyfle teg mewn cymdeithas. Heb fod yn iach ni all rhywun gymryd rhan yn y gymdeithas ar yr un lefel â phobl iach; byddai dan anfantais o'i gymharu â phobl eraill. Dyna pam, felly, fod gofal iechyd yn rhywbeth o bwys.

Ynglŷn â'r broblem o ddiffinio termau fel 'clefyd/iechyd/ salwch', mae Daniels yn mabwysiadu damcaniaeth Christopher Boorse (gw. 1975, 2011). Yn fras yn ôl Boorse, gellir diffinio clefyd drwy ddiffinio'r adeiladweithiau â'r swyddogaethau sy'n nodweddiadol i ddynoliaeth; os oes gan rywun adeiladwaith neu swyddogaeth annormal sy'n effeithio ar y cyfle i oroesi a chenhedlu, mae ganddo glefyd. Crynhoir damcaniaeth Boorse gan Daniels fel hyn:

> the basic idea is that health is the absence of disease, and diseases... are deviations from the normal functional organisation of a typical member of a species. (Daniels, 1985, t. 25; seiliwyd ar Boorse, 1975)

Rhoddir sail weddol gadarn i ddamcaniaeth Daniels gan ddamcaniaeth Boorse, ond wrth gwrs, nid yw pawb yn cytuno ag ef. Yn ôl Nordenfelt (1995, 2007), er enghraifft, dylem feddwl am iechyd, clefyd a salwch mewn modd holistig: nid absenoldeb clefyd yn unig yw iechyd, meddai. Os gall rhywun wneud yr hyn sy'n bwysig iddo, mae'n iach, meddir.

Ond weithiau mae gan bobl ddisgwyliadau afrealistig heb fod yn sâl. Felly beirniedir damcaniaeth Nordenfelt gan nad oes modd gwahaniaethu rhwng anghenion gofal iechyd a dymuniadau (Schramme, 2007b). A chan fod arian ac adnoddau yn brin iawn heddiw ym myd gofal iechyd, mae'n rhaid canolbwyntio ar ddiwallu anghenion iechyd yn hytrach na dymuniadau (yn hyn o beth gw. 'Gofal iechyd synhwyrol' gan Lywodraeth Cymru, 2014a). Gall damcaniaeth Boorse roi sail gadarn i benderfyniadau anodd ynghylch gwariant cyhoeddus mewn gofal iechyd (Schramme, 2007a; Callaghan, 2007) gan flaenoriaethu anghenion dros ddymuniadau.

Wedi tynnu sylw at y ddadl honno, yr hyn sydd o bwys o safbwynt yr erthygl hon yw'r ffaith fod pawb yn y maes yn cytuno bod anghenion gofal iechyd yn bodoli. Nid oes neb yn y maes am wadu hynny. Felly, os yw claf yn dioddef o lid y pendics, neu ddementia, neu sgitsoffrenia mae anghenion gofal iechyd arno. Wedi derbyn y gosodiad fod anghenion gofal iechyd yn bodoli, trown yn awr at y ddadl y gall anghenion iechyd achosi anghenion ieithyddol, a bod y ddau gysyniad yn agos iawn at ei gilydd.

Anghenion iechyd ac anghenion ieithyddol

Mae'n amlwg fod cyfathrebu â'r claf yn agwedd hanfodol ar ofalu amdano yng nghyd-destun gofal iechyd; pwysleisir yr agwedd hon yng Nghymru yn yr adroddiad *Mwy na geiriau...* (Llywodraeth Cymru, 2012), a hefyd y tu hwnt i Gymru: 'Effective health care depends on clear communication' (Cowden et al., 2012). Mae hyn yn wir wrth ofalu am bobl sy'n dioddef o glefydau fel y rhai y soniwyd amdanynt yn barod, sef llid y pendics a dementia. Yn y ddau achos, mae'n bwysig cyfathrebu â'r claf er mwyn darganfod hanes y broblem, ymhle mae'r boen, ers pryd mae'r claf wedi bod yn dioddef â'r boen, neu ers pryd mae'r claf wedi bod yn teimlo'n sâl, a.y.b. Felly, mae cyfathrebu â'r claf yn hanfodol er mwyn dechrau ymateb i salwch.

Hefyd, heblaw am gael gwybodaeth gan y claf er mwyn deall natur y broblem, mae'n hanfodol cyfathrebu â chleifion am resymau eraill. Mewn sawl achos bydd tawelu meddwl y claf yn bwysig; yn amlwg, gall bod yn sâl achosi pryder. Ar ben hynny, er mwyn dechrau trin y claf mae'n rhaid sicrhau ei fod yn deall beth fydd yn digwydd iddo: pa fath o foddion y bydd yn rhaid ei gymryd, pa fath o lawdriniaeth y bydd yn rhaid iddo'i chael, a.y.b. Mae'r rhain yn bwysig fel y gall y claf roi cydsyniad gwybodus i'w driniaeth.

Ar ben y pwyntiau hyn, gellir tynnu sylw at agweddau eraill ar glefydau fel strôc, dementia a phroblemau iechyd meddwl (gw. *Mwy na geiriau...* yn y cyswllt hwn). Yn aml iawn, mae gofalu am y claf yn ei famiaith yn bwysig iawn. Dengys y dystiolaeth y bydd cleifion sy'n dioddef o ddementia yn dirywio'n gyflymach oni thrinnir hwy yn eu mamiaith (Goldsmith, 1996). Felly, yn gyffredinol pwysleisir pwysigrwydd cyfathrebu yng nghyd-destun gofal iechyd, ac yn yr enghreifftiau uchod mae cyfathrebu â'r claf yn rhan annatod o driniaeth y claf. Felly, mae agwedd ieithyddol i ofal iechyd, ac mewn sawl achos mae'n wedd hanfodol: 'Mae'n bwysig i bobl sydd yn gweithio [i'r GIG] adnabod mai dim ond yn y Gymraeg y gall llawer o bobl fynegi eu hanghenion am ofal yn effeithiol' (*Mwy na geiriau...*, t. 1).

Anghenion neu ddymuniadau?

Pan seilir yr agweddau hyn ar anghenion gofal iechyd y claf, mae'n gwbl gywir eu galw'n *anghenion ieithyddol*. Ac mae hyn yn bwynt pwysig iawn. *Anghenion* ieithyddol ydynt, nid dim ond *dymuniadau* ieithyddol. Yn achos Cymry Cymraeg, wrth gwrs, gellid cael sefyllfa lle nad yw'r claf yn medru Saesneg oherwydd strôc, neu ddementia, neu efallai am ei fod yn berson uniaith, neu hyd yn oed am ei fod yn teimlo'n anghyfforddus wrth drafod ei salwch mewn iaith arall. Os yw'r claf yn medru Saesneg, ac yn gwbl gyfforddus yn yr iaith honno, ond serch hynny bod yn well ganddo gael gofal drwy'r Gymraeg, *dymuniadau* ieithyddol yn hytrach nag *anghenion* ieithyddol a geir yma – a hynny am y gallai'r claf gyfathrebu yn gwbl glir yn y Saesneg pe bai'n fodlon gwneud hynny. Cofier geiriau Frankfurt:

> A person's morally interesting needs need to be met, then, because harm will ensue if they are not. But in addition, the link to harm must be of such a nature that whether or not the harm ensues is outside the person's voluntary control. (1984, t. 7)

Felly, os Cymraeg yw unig iaith y claf, ac os na chaiff ei drin yn Gymraeg, mae arno anghenion ieithyddol yn ogystal ag anghenion iechyd, ac mewn achos o'r fath ni ddiwellir ei anghenion ieithyddol. Ond os yw'r claf yn medru Saesneg ac yn teimlo'n gyfforddus yn yr iaith honno, ac os yw'n cael ei drin yn Saesneg, er bod angenion iechyd arno, nid oes *anghenion* ieithyddol arno – dim ond *dymuniadau* ieithyddol a geir yma.

Cofier y pwynt a wnaethpwyd ar ddechrau'r papur ynglŷn â hawliau ac anghenion. Gwelwyd cyswllt agos iawn rhwng hawliau ac anghenion. O ystyried yr hawl i ofal iechyd, felly, seilir yr hawl ar anghenion iechyd. Hefyd, gwelwyd y gall anghenion ieithyddol fod yn rhan annatod o anghenion iechyd. Felly, mae'n dilyn bod hawliau ieithyddol yng nghyd-destun gofal iechyd yn bodoli.

Yn gyffredinol, delir bod hawliau i ofal iechyd yn hawliau positif (Feinberg, 1973, t. 59; Beauchamp a Childress, 2009). Os felly, mae dyletswydd ar rywun arall i ddiwallu anghenion o'r fath. Ond mae hynny yn wir ar yr amod nad yw'r claf, yng nghyd-destun y sefyllfa yng Nghymru, yn gallu siarad Saesneg, er enghraifft.

Casgliad sy'n groes i'r graen(?)

Gall y casgliad hwn fod yn berthnasol i unrhyw iaith arall, wrth gwrs. Felly, os Pwyleg yw iaith y claf, ac os oes anghenion iechyd arno, ac os nad yw'n siarad Saesneg, mae anghenion ieithyddol arno (ar yr amod fod anghenion iechyd arno wrth gwrs, ac os nad yw'n cael ei drin drwy'r iaith Bwyleg). Oherwydd yr anghenion iechyd ac ieithyddol sydd ar y claf, mae ganddo'r hawl i gael ei drin mewn Pwyleg. Os yw'r claf yn medru Saesneg, wrth gwrs, nid oes ganddo hawl i driniaeth mewn Pwyleg: dymuniadau a geir mewn achos o'r fath, nid anghenion. Nid oes unrhyw hawl bositif gan y claf i gael ei drin mewn Pwyleg. Ond os nad yw'n medru Saesneg, ac os bydd anghenion iechyd arno, bydd ganddo hawliau positif i gael ei drin mewn Pwyleg. Cofier unwaith yn rhagor yr hyn a ddywedodd Frankfurt:

> A person's morally interesting needs need to be met, then, because harm will ensue if they are not. But in addition, the link to the harm must be of such a nature that whether or not the harm ensues is outside the person's voluntary control. (1984, t. 7)

49

Felly, hyd yma, dadleuwyd bod anghenion ieithyddol yn bodoli yng nghyd-destun gofal iechyd; fe'u codir pan fo anghenion iechyd ar y claf a phan nad yw'r claf yn medru Saesneg. Hefyd, seilir hawliau positif i ofal iechyd ar anghenion o'r fath. Wedi dadlau o blaid y gosodiad y gall anghenion ieithyddol fod yn anghenion iechyd, trown yn awr i drafod y casgliad sydd braidd yn groes i'r graen, sef y broblem a godwyd gan y dadansoddiad hyd yma.

Cyn trafod y casgliad hwn, hoffwn bwysleisio un peth pwysig amdano. Ar hyn o bryd yma yng Nghymru, mae nifer o gleifion yn dioddef o ddementia ac sydd wedi colli eu Saesneg yn barod, neu sydd ar fin ei cholli (Comisynydd Pobl Hŷn Cymru, 2011; Misell, 2000). Yn ôl y dadansoddiad uchod mae ganddynt yr hawl i gael eu trin yn Gymraeg. Mae hyn yn dilyn oherwydd y ffaith fod anghenion gofal iechyd arnynt a bod anghenion ieithyddol yn rhan annatod o'r rheiny yn eu tro. Felly, er yr ymddengys y casgliad braidd yn wan, mae'n cryfhau sefyllfa claf Cymraeg ei iaith sydd wedi colli ei Saesneg neu sy'n glaf uniaith Gymraeg. Ar hyn o bryd, os nad yw claf o'r fath yn cael ei drin yn Gymraeg, fe'i hesgeulusir. Dylwn i bwysleisio bod yn union yr un peth yn wir yn achos unrhyw glaf nag unrhyw broblem iechyd arall – ni chyfyngir y casgliad i gleifion â dementia.

Er gwaethaf y pwynt pwysig hwn, gall y dadansoddiad uchod arwain at un goblygiad go ddadleuol a gwrthreddfol – sef yr un sy'n groes i'r graen. Wrth reddf, meddyliem fod yr hawl i gael eich trin yn eich mamiaith yng Nghymru yn gryfach na'r hawl i gael eich trin mewn unrhyw iaith arall. Felly, yn yr enghreifftiau uchod, wrth reddf, tybiwn fod gan y claf Cymraeg hawliau cryfach na'r claf o Wlad Pwyl. Ond nid yw'n dilyn yn ôl y dadansoddiad uchod fod gan y ddau glaf hawliau o'r un pwys. Mae hynny yn groes i'r hyn a ddisgwylid. Wrth reddf tybid bod gan y claf Cymraeg hawliau cryfach na'r claf o Wlad Pwyl. Pam? Gall meddwl am hyn daflu goleuni ar statws hawliau ieithyddol.

Hyd y gwelaf, ceir pedair dadl o blaid y farn fod gan y claf Cymraeg hawliau cryfach na'r claf o Wlad Pwyl. Hefyd, a bwrw eu bod yn gryf, gellid eu defnyddio i gryfhau'r achos dros ddarpariaeth cyfrwng Cymraeg nid er mwyn diwallu *anghenion* gofal iechyd yn unig, ond er mwyn diwallu *dymuniadau* hefyd. Bydd hon yn ddadl bwysig gan fod sawl un yng Nghymru yn gallu cyfathrebu'n gyfforddus yn y ddwy iaith.

Pedair dadl o blaid y casgliad fod gan y claf Cymraeg hawliau cryfach na'r claf o Wlad Pwyl (yng Nghymru).

Yn gyntaf, gellir apelio at ffactorau hanesyddol. Mae'r iaith Gymraeg wedi'i siarad yng Nghymru, ar y tir hwn, er y chweched ganrif; fe'i hangorir yma. Ac fel y dadleuodd J. R. Jones (1966), ceir 'cyd-dreiddiad' rhwng y Gymraeg a lleoedd yng Nghymru. Yn hynny o beth gellir meddwl am yr iaith fel rhywbeth sy'n perthyn i'r Cymry, neu'n fwy na hynny, fel rhywbeth sy'n rhan annatod o'r Cymry. Yn yr un modd, soniodd Locke am 'gaffael' darn o dir drwy weithio arno. Os yw rhywun yn 'cymysgu' ei lafur â'r tir, ac os nad yw'r tir yn perthyn i rywun arall, mae'n deg dweud bod ganddo hawl i'r tir hwnnw. Felly, gellid dadlau bod yr iaith Gymraeg yn perthyn i'r Cymry ers tro byd, ac felly yng Nghymru mae blaenoriaethu'r iaith honno dros Bwyleg yn gwbl deg.

Yn ail, gellir tynnu sylw at y syniad o ymreolaeth yr unigolyn. Yn ôl pob tebyg, daeth y claf o Wlad Pwyl i Gymru yn wirfoddol. Dewisodd adael ei famwlad; dewisodd ddod i wlad newydd er mwyn gwella'i sefyllfa, neu er mwyn cael profiadau newydd. Cyn dod yma, byddai wedi sylweddoli y gallai ddioddef salwch yng Nghymru. Er gwaethaf hynny, ac wedi cloriannu'r manteision a'r anfanteision, penderfynodd ddod i Gymru. Ni ddisgwyliai gael ei drin mewn Pwyleg, ac yn ôl pob tebyg, byddai mewnfudwr o'r fath yn cytuno na ddylai'r iaith honno fod yn gyfartal â'r iaith Gymraeg yng Nghymru. Yn wahanol i'r claf o Wlad Pwyl, ni ddewisodd y claf o Gymru fod yn sâl a gadael ei famwlad, ond o gael gofal iechyd yma yng Nghymru, rhesymol yw disgwyl iddo gael ei drin yn Gymraeg. Yn ôl y ddadl hon, drwy adael eich mamwlad, mae hawliau i ofal iechyd mewn gwlad arall yn wahanol o'u cymharu â hawliau dinesydd o'r wlad honno. Mae'r ddadl hon yn cyfeirio at ymreolaeth, hynny yw at y penderfyniadau a wnawn fel unigolion, ond hefyd, rhagdybiwyd y syniad o haeddiant ganddi. Trwy adael ei famwlad, mae'r claf Pwylaidd yn gwanhau'r hawl i gael ei drin yn ei famiaith. A chan fod y claf o Gymru yn sâl yn ei famwlad, mae'n haeddu cael ei drin, a hynny yn ei famiaith.

Yn drydedd, yn ôl May (2001, t. 263), mae'r rhan fwyaf o bobl yng Nghymru yn cefnogi talu treth er mwyn parhad yr iaith Gymraeg. Os yw hyn yn ymestyn at ddefnyddio'r iaith yng nghyddestun gofal iechyd, mae'n dilyn y cawn ddadl ddemocrataidd dros dalu am yr iaith Gymraeg yn y maes hwnnw, a hynny er mwyn diwallu anghenion y claf. Ar y llaw arall, rwy'n amau bod y rhan fwyaf o bobl yng Nghymru'n cefnogi'r hawl i gael eich trin mewn Pwyleg. Felly, o safbwynt rhyddfrydig, mae'n dilyn y dylai cleifion Cymraeg gael eu trin drwy'r Gymraeg. Fel y dywed Patten (2003), ni fyddai talu am ddarpariaeth lawn ym mhob iaith yn bosibl. Felly, mae'n rhaid blaenoriaethu, ac ar yr amod fod y mwyafrif yng Nghymru yn cytuno ar gefnogi'r iaith Gymraeg, mae egwyddorion democrataidd yn cyfiawnhau hawliau cleifion Cymraeg i gael triniaeth yn eu mamiaith. A sôn am 'egwyddorion rhyddfrydol' yn y cyd-destun hwn, yn bennaf sonnir am yr hawl i ymreolaeth, a hynny ar yr amod nad yw hawliau o'r fath yn tarfu ar hawliau ymreolaeth pobl eraill; a hefyd yr egwyddor o ran cyfle cyfartal.

Un broblem gyda'r ddadl hon yw y gellid dadlau bod talu am ofal iechyd drwy gyfrwng y Gymraeg yn tarfu ar ymreolaeth pobl eraill. O ganlyniad i dalu am ofal iechyd cyfrwng Cymraeg, neu ddarpariaeth ddwyieithog hyd yn oed, bydd llai o arian ar gael ar gyfer cleifion (neu ddarpar gleifion) eraill. Beth bynnag, wedi codi'r pwynt, nid wyf am ddilyn y trywydd hwnnw yma.

Yn olaf, wrth drafod yr hyn y mae'n ei alw'n 'minority nationalism', mae Kymlicka yn nodi hyn:

Liberal-democratic governments have, at times, used all the tools at their disposal to destroy the sense of separate identity amongst their national minorities, from the prohibition of tribal customs to the banning of minority-language schools. (2002, t. 351).

Felly, gellid dadlau y dylai'r llywodraeth ariannu darpariaeth gofal iechyd cyfrwng Cymraeg er mwyn unioni'r cam a wnaethpwyd gan y wladwriaeth Brydeinig yn y gorffennol; a hefyd, dylai wneud hynny er mwyn diwallu dymuniadau yn ogystal ag anghenion.

Casgliad

I gloi, rwyf wedi egluro sut y gall anghenion iechyd droi yn anghenion ieithyddol. Arweiniodd egwyddor Frankfurt (yr egwyddor blaenoriaeth) at gasgliad go ddadleuol: hynny yw fod gan glaf o Wlad Pwyl yr un hawl yma yng Nghymru i gael ei drin yn ei famiaith â chlaf Cymraeg. Wrth reddf, byddem yn tybied bod gan y claf Cymraeg hawliau cryfach na'r claf o Wlad Pwyl. Er mwyn ategu'r dybiaeth honno, trafodwyd pedair dadl yn sydyn iawn. O'm safbwynt i, y drydedd ddadl yw'r gryfaf, ond nid yw'n rhoi sail gadarn i'r hawl i gael eich trin yn Gymraeg o bell ffordd. Bydd hawl o'r fath yn dibynnu ar bethau amodol megis barn etholwyr ac ewyllys gwleidyddol, a gallai hynny fod yn sylfaen fregus iawn.

Cyfeiriadau

Andrews, J., Butler, M. (2014) *Trusted to care*. Caerdydd: Llywodraeth Cymru.

Beauchamp, T.,Childress, J.F. (2009) *Principles of biomedical ethics*. Rhydychen: Oxford University Press.

Boorse, C. (1975) 'On the distinction between disease and illness', *Philosophy and Public Affairs* 5 (1), tt. 49-68.

Boorse, C. (2011) 'Concepts of health and disease' yn Gifford, F. (gol) Philosophy of Medicine. Efrog Newydd: Elsevier, tt. 13-63.

Callaghan, D. (2007) *Setting limits, medical goals in an aging society*. Georgetown: Georgetown University Press.

Comisiynydd Pobl Hŷn. (2011) *Gofal gydag urddas?* Caerdydd: Comisiynydd Pobl Hŷn.

Cowden, J. D. et al. (2012) 'Getting past getting by: training culturally and linguistically competent bilingual physicians', *Notes from the association of medical school pediatric department chairs, inc.* 160, tt. 981-892.

Daniels, N. (1985) *Just health care.* Caergrawnt: Cambridge University Press.

Feinberg, J. (1973) *Social Philosophy.* New Jersey: Prentice Hall.

Fletcher, K. (2001) *Human Rights Act 1998 – an overview.* Lerpwl: Weightmans.

Frankfurt, H.G. (1984) 'Necessity and desire', *Philosophy and phenomenological research* 45, tt. 1-13.

Goldsmith, M. (1996) 'Slow down and listen to their voices', *Journal of Dementia Care*, 4 (4), tt. 24-25.

Griffin, J. (1986) *Well-being, its meaning, measurement and moral importance.* Rhydychen: Oxford University Press.

Jones, J.R. (1966) *Prydeindod.* Llandybie: Llyfrau'r Dryw.

Kymlicka, W. (2002) *Contemporary Political Philosophy.* Rhydychen: Oxford University Press.

Lewis, G. (2008) *Yr hawl i'r Gymraeg.* Talybont: Y Lolfa.

Llywodraeth Cymru. (2012) *Mwy na geiriau ...* Caerdydd: Llywodraeth Cymru.

Llywodraeth Cymru. (2014a) 'Gofal iechyd synhwyrol: ffordd newydd hanfodol i GIG Cymru. Caerdydd: Llywodraeth Cymru.

Llywodraeth Cymru. (2014b) *Fframwaith ar gyfer darparu iechyd a gofal cymdeithasol integredig ar gyfer pobl hŷn sydd ag anghenion cymhleth.* Caerdydd: Llywodraeth Cymru.

May, s. (2001) *Language and minority rights, ethnicity, nationalism and the politics of language.* Harlow: Pearson.

Misell, A. (2000) *Y Gymraeg yn y Gwasanaeth Iechyd.* Caerdydd: Cyngor Defnyddwyr Cymru.

Nordenfelt, L. (1995) *On the nature of health; an action-theoretic approach.* Dordrecht: Kluwer.

Nordenfelt, L. (2007) 'The concepts of health and illness revisited', *Medicine, health care and philosophy*, 10, tt. 5-10.

Patten, A. (2003) 'Liberal neutrality and language policy', *Philosophy and Public Affairs*, 31 (4), tt. 356-386.

Schramme, T.S. (2007a) 'The significance of the concept of disease for justice in health care', *Theoretical medicine and bioethics*, 28, tt. 121-135.

Seedhouse, D. (1998) *Ethics, the heart of health care.* Chichester: Wiley.

Stevens, A. (2004) *Health care needs assessment.* Caergrawnt: Radcliffe.

UNESCO (1996) *Universal declaration of linguistic rights*, UNESCO: www.unesco.org/shs/most (trawslwythwyd 27.6.13).

Waldron, J. (gol.) (1984) *Theories of Rights.* Rhydychen: Oxford University Press.

Wiggins, D. (1987) *Needs, values, truth.* Rhydychen: Blackwell.

Hybu Iaith a Rhyddid Mynegiant: Achos Arwyddion Cyhoeddus Québec

Huw Lewis

Cyflwyniad

Erbyn heddiw mae ymdrechion i gynnal a hybu rhagolygon gwahanol ieithoedd lleiafrifol i'w gweld ar waith mewn nifer helaeth o leoliadau ar draws y byd, yn arbennig felly mewn ystod o genhedloedd diwladwriaeth, megis Québec (Chevrier, 1997 a 2003), Catalonia (Costa, 2003), Gwlad y Basg (Azurmendi et al. 2001) a Chymru (Williams, 2000). Ymhellach, dros y blynyddoedd diwethaf mae'r arferion polisi a gysylltir â'r ymdrechion cynhaliol hyn wedi datblygu'n fwyfwy soffistigedig ac yn fwyfwy pellgyrhaeddol o ran eu sgôp. Bellach, mae'n gyffredin gweld polisïau iaith sy'n effeithio mewn rhyw fodd ar sawl agwedd ar rediad y wladwriaeth ddemocrataidd fodern, gan gynnwys y drefn gyfiawnder, y drefn addysg, y cyfryngau a'r economi.

Fodd bynnag, er gwaetha'r ffaith fod yr ymdrechion hyn bellach yn fwyfwy cyffredin, teg yw nodi nad ydynt wastad wedi datblygu mewn amgylchiadau cwbl gytûn. Yn wir, ym mhob un o'r achosion a nodwyd uchod mae amryw o'r polisïau a gyflwynwyd fel rhan o'r ymdrech i drawsnewid rhagolygon yr iaith leiafrifol wedi bod yn sail i gryn anniddigrwydd ymhlith rhai rhannau o'r boblogaeth. Weithiau caiff y gwrthwynebiadau hyn eu mynegi mewn termau ymarferol. Er enghraifft, clywir yn fynych am ddadleuon sy'n cwestiynu cost dwyieithrwydd. Fodd bynnag, ar adegau eraill, caiff y gwrthwynebiadau eu mynegi mewn termau moesol, wrth i rai carfanau hawlio bod polisïau penodol, boed ym maes addysg, cyflogaeth neu gynllunio, yn tramgwyddo egwyddorion pwysig megis rhyddid unigol neu gyfle cyfartal.

Heb amheuaeth, mae hawliadau moesol o'r fath wedi brigo i'r wyneb yn gyson fel rhan o'r drafodaeth gyhoeddus am bolisïau iaith pellgyrhaeddol Québec, ac yn benodol, ddarpariaethau deddf iaith enwog y dalaith, *La Charte de la langue française,* a ddaeth i rym yn ei ffurf gwreiddiol ym 1977. Dros y blynyddoedd cafodd amryw o'r mesurau a gyflwynwyd o dan adain y ddeddf hon, er mwyn cynnal y Ffrangeg fel prif iaith Québec, eu beirniadu'n hallt a'u cyhuddo o dramgwyddo rhai o'r terfynau moesol y dylid disgwyl i unrhyw wladwriaeth ddemocrataidd-ryddfrydol eu parchu. Fel yr eglura Marc Chevrier:

> In the media throughout English Canada and among Anglophone interest groups in Québec, it is often depicted as an unnecessary, illiberal and capricious law that promotes, at the expense of interests viewed as fundamental rights, the rebel language of a minority refusing to jump into the Anglo-American continental mainstream. (Chevrier, 2003, t. 118)

Yn wir, arweiniodd y beirniadu hwn at gyfres o heriadau cyfreithiol gerbron y llysoedd yn Québec, a hefyd gerbron Goruchaf Lys Canada. O ganlyniad, dros y blynyddoedd, bu'n rhaid i lywodraeth Québec – boed honno'n llywodraeth ryddfrydol neu genedlaetholgar – gyflwyno cyfres o newidiadau i'r polisïau iaith.

I ba raddau yr oedd sail gadarn i'r gwrthwynebiadau moesol a gyflwynwyd mewn perthynas â pholisïau iaith Québec? A oedd rhai o'r camau a gymerwyd yn y dalaith yn ystod y 1970au er mwyn hybu rhagolygon y Ffrangeg yn euog o fynd yn rhy bell ac o dramgwyddo terfynau moesol pwysig? Bydd yr ysgrif hon yn ystyried y cwestiynau hyn drwy edrych yn fanwl ar un achos penodol – o bosib yr achos a esgorodd ar y dadlau mwyaf chwyrn yn Québec dros y blynyddoedd – sef yr ymgais i reoli pa ieithoedd a gâi ymddangos ar arwyddion cyhoeddus a'r gŵyn fod y polisi hwn yn cyfyngu'n ormodol ar ryddid mynegiant. Wrth ymgymryd â thrafodaeth o'r fath y bwriad yw ceisio dyfnhau ychydig ar ein dealltwriaeth o beth yw hyd a lled yr hyn sy'n dderbyniol i wladwriaeth ei wneud wrth geisio sicrhau parhad cymuned iaith benodol.

Caiff y drafodaeth ei strwythuro fel a ganlyn. Yn y rhan nesaf, trafodir ychydig ar sefyllfa'r Ffrangeg yn Québec erbyn y 1960au, a thrwy hynny dangosir pam fod y gwahanol ddeddfau iaith gyflwynwyd gan y llywodraeth daleithiol yn ystod y 1970au wedi mynd i'r cyfeiriad a wnaethant. Bydd hyn wedyn yn arwain at drafodaeth o natur y gwrthwynebiad a fynegwyd mewn perthynas â'r polisi arwyddion dadleuol a gyflwynwyd ym 1977 dan adain y *Charte de la langue française* – gwrthwynebiad a seiliwyd yn bennaf ar yr honiad fod y polisi yn un a oedd yn cyfyngu'n ormodol ar ryddid mynegiant trigolion Québec. Yn dilyn hynny, ceir adran fer sy'n holi pam fod y syniad o gyfyngu ar ryddid mynegiant yn un mor ddadleuol yng nghyd-destun cymdeithasau democrataidd-rhyddfrydol, ac yn rhan o hyn, rhoddir ystyriaeth i ddadleuon y meddyliwr rhyddfrydol pwysig John Rawls. Yna, ym mhrif rhan y bennod, eir ati i gloriannu dilysrwydd moesol polisi arwyddion Québec. Gwneir hyn trwy drafod dau gwestiwn cysylltiedig: i ba raddau yr oedd y polisi hwn wir yn haeddu cael ei drin fel achos o gyfyngu ar ryddid mynegiant; ac os ydoedd, i ba raddau yr oedd y cyfyngu hwn yn haeddu cael ei weld fel rhywbeth gormodol ac amhriodol o dan yr amgylchiadau?

Gosod y Cyd-destun: Y Ffrangeg yn Québec

Yn ystod y 1960au, pan gychwynnodd yr ymdrechion bwriadus i ddyrchafu'r Ffrangeg yn Québec, roedd yr iaith yn parhau i fod yn famiaith i dros 80 y cant o'r boblogaeth, ac roedd tua thri

chwarter ohonynt yn siaradwyr uniaith (Bourhis, 2001, t. 105).
Fodd bynnag, er gwaethaf y sefydlogrwydd ymddangosiadol hwn
roedd rhai o dueddiadau cymdeithasol y cyfnod yn awgrymu'n
gryf mai bregus iawn oedd rhagolygon tymor hir y Ffrangeg yn
y dalaith. Roedd symudiad i gyfeiriad y Saesneg yn datblygu'n
gyflym (Fishman, 1991, t. 293).

Un o sgil effeithiau'r modd y datblygodd Québec i fod yn
gymdeithas fwy trefol, modern a seciwlar yn ystod y 1950au a'r
1960au oedd dirywiad sylweddol yng nghyfradd genedigaethau'r
dalaith (Larrivée, 2003, t. 169). Rhwng 1875 a 1965, cyfradd
genedigaethau Québec oedd yr uchaf ar draws Gogledd America.
Eto i gyd, wrth i natur y gymdeithas newid, gwelwyd cwymp
sydyn – syrthiodd y gyfradd o 4.2 (h.y. 4.2 plentyn i bob teulu)
ym 1956 i 2.3 erbyn 1966 (Chevrier, 2003; t. 127). Canlyniad
y newid cymdeithasol hwn oedd codi pryderon ynglŷn â gallu
tymor hir y gymuned Ffrengig yn Québec – ac yn arbennig
yn ninas Montreal – i gynnal ei safle demograffig mwyafrifol
(Bourhis, 2001, t. 105).

Fodd bynnag, ni ddaw union oblygiadau'r newidiadau
demograffig hyn i'r amlwg hyd nes y trafodir hwy ochr yn ochr
â thueddiadau mudo'r cyfnod, ac yn arbennig sgil effeithiau
ieithyddol y tueddiadau hynny. Wrth gwrs, ers dyddiau cynnar *La
Nouvelle France*, bu mudo yn allweddol i ddatblygiad cymdeithasol
Québec a Chanada'n gyffredinol. Roedd hyn yn arbennig o wir
yn ystod yr ugeinfed ganrif. Rhwng 1901 a 1931, mudodd nifer
helaeth o deuluoedd i Ganada er mwyn dianc rhag yr argyfyngau
economaidd a gwleidyddol a oedd yn tarfu ar fywyd ledled Ewrop.
Ymhlith y don yma o fewnfudwyr, roedd nifer helaeth o Eidalwyr
ac Iddewon a ymgartrefodd yn Montreal. Yn ddiweddarach, yn
dilyn yr Ail Ryfel Byd, gwelwyd ton arall o fewnfudo a oedd yn
cynnwys nifer helaeth o Almaenwyr, Pwyliaid, Eidalwyr, Groegwyr
a Phortiwgeaid. Unwaith eto, ymgartrefodd y mwyafrif helaeth
ym Montreal (Larrivée, 2003, t. 167). Arweiniodd y symudiadau
hyn at drawsnewid natur poblogaeth Québec, a dinas Montreal

yn benodol. Ym 1900, dim ond 4.5 y cant o boblogaeth y ddinas honno nad oedd meddu ar wreiddiau Ffrengig neu Prydeinig. Fodd bynnag, erbyn 1970 roedd unigolion o'r fath yn cynrychioli bron i 25 y cant o'r boblogaeth (Levine, 1990, t. 55).

Yr hyn a oedd yn arwyddocaol, o safbwynt ieithyddol, ynglŷn â'r tueddiadau mudo hyn oedd y ffaith fod y mwyafrif helaeth o unigolion a theuluoedd a ddaeth i ymgartrefu yn Québec yn gwneud hynny gan fabwysiadu'r Saesneg, yn hytrach na'r Ffrangeg, fel eu hiaith gyhoeddus newydd. Yn wir, erbyn 1971 dim ond tua 8 y cant o fewnfudwyr oedd yn mabwysiadu'r Ffrangeg wrth ymgartrefu yn Québec, tra bod tua 24 y cant yn mabwysiadu'r Saesneg (Laporte, 1984, t. 59). Wrth gwrs, doedd hyn, ynddo'i hun, ddim yn newydd — y Saesneg fu'r iaith a fabwysiadwyd gan y mwyafrif o fewnfudwyr ers i Brydeinwyr o wahanol gefndiroedd ddechrau mudo i Québec ar ddechrau'r bedwaredd ganrif ar bymtheg. Eto i gyd, hyd at ddiwedd y 1950au, nid oedd hyn wedi arwain at danseilio cryfder demograffig y gymuned Ffrangeg mewn unrhyw fodd sylweddol, yn sgil cyfradd genedigaethau uchel y gymuned honno (Levine, 1990, t. 62). Fodd bynnag, wrth i'r gyfradd genedigaethau syrthio'n sydyn, daeth nifer o gefnogwyr y Ffrangeg i sylweddoli bod tueddiadau ieithyddol mewnfudwyr yn ffactor a fyddai'n dylanwadu'n sylweddol ar ragolygon tymor hir yr iaith yn Québec (Chevrier, 1997).

Gyda dewisiadau ieithyddol mewnfudwyr yn cael eu gweld fel ffactor mwyfwy arwyddocaol, datblygodd un maes penodol yn gadfan hollbwysig. Ers diwedd y bedwaredd ganrif ar bymtheg, roedd gan rieni yn Québec y rhyddid i anfon eu plant naill ai i ysgolion cyhoeddus Ffrangeg eu cyfrwng, neu i rai Saesneg eu cyfrwng. Yn ystod y 1960au daeth i'r amlwg fod nifer cynyddol o fewnfudwyr bellach yn dewis anfon eu plant i'r ysgolion cyfrwng Saesneg. Er enghraifft, rhwng 1951 a 1967 syrthiodd y ganran o blant o gefndir Eidalaidd a oedd yn mynychu ysgolion cyfrwng Ffrangeg o 49 y cant i 12 y cant (Laporte, 1984, t. 59). Yn wir, erbyn 1970 roedd tua chwarter o'r sawl a fynychai ysgolion cyfrwng Saesneg yn Québec yn hanu o gartrefi lle nad oedd Saesneg yn iaith yr aelwyd. Y ffigwr cyfatebol ar gyfer yr ysgolion cyfrwng Ffrangeg ym 1970 oedd 2 y cant (Laporte, 1984, tt. 59–60). Tanlinella hyn cymaint oedd cryfder y Saesneg – ac yn enwedig ei hatyniad ymhlith mewnfudwyr – mewn cymhariaeth â'r Ffrangeg.

Heb os, ystyriaethau economaidd oedd yn dylanwadu'n bennaf ar ddewisiadau addysgol mewnfudwyr. Fel y noda Levine, 'For most immigrants arriving in Montreal, the frame of reference was English-speaking North America, not necessarily French-speaking Québec' (Levine, 1990, t. 56). O ganlyniad, roedd sicrhau meistrolaeth ar y Saesneg yn hanfodol er mwyn sicrhau cyfleoedd economaidd a dyrchafiad cymdeithasol. Serch hynny, nid dim ond sefyllfa fwyafrifol y Saesneg ar draws Gogledd America oedd yn llywio ystyriaethau'r mewnfudwyr. Roedd statws cymharol y Ffrangeg a'r Saesneg yn Québec ei hun yn ddylanwad pwysig hefyd.

Ar y pryd, er gwaetha'r ffaith mai'r Ffrangeg oedd mamiaith y mwyafrif helaeth o'r boblogaeth, roedd y Saesneg – mamiaith i leiafrif – yn meddu ar statws a bri tipyn uwch. Roedd perthynas y ddwy iaith o fewn yr economi yn gwbl ganolog i ddatblygiad sefyllfa o'r fath (Laporte, 1984, t. 56). Er y bedwaredd ganrif ar bymtheg y Saesneg fu'r prif gyfrwng cyfathrebu yn economi Québec, ac yn enwedig felly ar lefelau uwch yr economi (Laporte, 1984; t. 57). Canlyniad hyn oedd creu sefyllfa lle nad oedd siaradwyr Ffrangeg yn cael eu cynrychioli'n ddigonol ar lefelau uchaf economi Québec. Ymhellach, pe byddai siaradwyr Ffrangeg yn llwyddo i sicrhau dyrchafiad, ni fyddai hynny ond yn digwydd ar yr amod eu bod yn gymwys i gyflawni'r gwaith trwy gyfrwng y Saesneg. O ganlyniad, roedd y pwysau i fod yn ddwyieithog yn cael ei osod, bron yn gyfan gwbl, ar ysgwyddau siaradwyr Ffrangeg, a hynny er gwaetha'r ffaith mai'r Ffrangeg oedd iaith y mwyafrif. Roedd y sefyllfa hon, yn ei thro, wedi arwain at wahaniaethau sylweddol o ran cyflog a oedd yn rhedeg ar hyd llinellau ieithyddol. Yn wir, roedd siaradwyr Saesneg *uniaith* yn tueddu i ennill cyflog tipyn uwch na siaradwyr Ffrangeg dwyieithog (Llywodraeth Canada, 1969).

Yn ôl y disgwyl, câi bodolaeth rhaniad ieithyddol o'r fath yn yr economi ei hystyried yn fygythiad go sylweddol i ffyniant tymor hir y Ffrangeg yn Québec. Roedd sefyllfa o'r fath yn dylanwadu ymhellach ar ddewisiadau ieithyddol mewnfudwyr. Hyd yn oed os anwybyddwyd cyd-destun cyffredinol Gogledd America, fyddai dominyddiaeth y Saesneg yn economi Québec wedi bod yn ddigon i'w cymell i ffafrio'r iaith honno fel cyfrwng newydd (Levine, 1990, t. 56). Ar ben hynny, roedd y rhaniad ieithyddol o fewn yr economi yn sail i anghyfiawnder strwythurol a oedd yn tanseilio cyfleoedd cymdeithasol y mwyafrif Ffrangeg eu hiaith.

Felly, erbyn y 1960au gwelwyd bod cyfres o ffactorau arwyddocaol yn cyfrannu at danseilio hyfywedd y Ffrangeg yn Québec. O ganlyniad, bu galw cynyddol ar y llywodraeth daleithiol i gyflwyno polisïau cadarnhaol a fyddai'n gwarantu statws y Ffrangeg mewn perthynas â'r Saesneg ac yn normaleiddio'r defnydd ohoni mewn peuoedd lle bu gynt yn absennol. Er mwyn ceisio cyflawni hyn, cyflwynwyd cyfres o ddeddfau iaith pwysig yn ystod y 1960au a'r 1970au. Heb amheuaeth, y pwysicaf o'r deddfau hyn oedd *La Charte de la langue française* – neu Fesur 101 fel y gelwir hi ar lafar gwlad – a gyflwynwyd ym 1977 gan lywodraeth y *Parti Québécois*.[1]

Fel y noda Stephen May, amcan y *Charte* oedd gwrth-droi gwendid hanesyddol y Ffrangeg ochr yn ochr â'r Saesneg trwy ei sefydliadoli fel prif iaith yr economi, y drefn addysg a'r byd gwleidyddol (May, 2001, t. 228). I'r perwyl hwn, amlinellodd ystod o fesurau pellgyrhaeddol mewn nifer o feysydd pwysig. Dechreuodd drwy ddatgan mai'r Ffrangeg oedd iaith swyddogol Québec. Yna aeth ymlaen i sefydlu cyfres o hawliau ieithyddol sylfaenol. Roedd yr hawliau hyn yn cynnwys: yr hawl i gyfathrebu â chyrff cyhoeddus, cyrff lled-gyhoeddus a chwmnïau preifat trwy gyfrwng y Ffrangeg; hawl gweithwyr i gyflawni eu dyletswyddau trwy gyfrwng y Ffrangeg; a hawl pawb i dderbyn eu haddysg trwy gyfrwng y Ffrangeg. Datganwyd hefyd mai'r Ffrangeg fyddai iaith y ddeddfwrfa a'r llysoedd, ac mai dim ond y fersiwn Ffrangeg o ddeddfau a phenderfyniadau a fyddai'n meddu ar statws swyddogol.

Rhoddodd y ddeddf newydd gryn dipyn o sylw i statws y Ffrangeg fel iaith y gweithle. I ddechrau, datganwyd mai'r Ffrangeg oedd iaith weithredol holl adrannau'r llywodraeth a'r sector gyhoeddus yn gyffredinol. Ymhellach, cyflwynwyd mesurau a fyddai'n gorfodi cyflogwyr ym meysydd diwydiant a masnach i symud i'r un cyfeiriad. Yn wir, erbyn 1983 roedd disgwyl i bob corff a oedd yn gweithredu yn Québec, ac a oedd yn cyflogi mwy na 50 o bobl, fod wedi gweithredu cynllun 'Ffrangegeiddio' cynhwysfawr. Byddai'r corff rheoleiddio pwerus, *l'Office de la langue française*, wedyn yn cyflwyno tystysgrifau iddynt pe bai'r cynlluniau hyn yn cael eu gweithredu'n llwyddiannus.[2]

Amlinellodd Mesur 101 fesurau pwysig ym maes addysg hefyd. Roedd y Papur Gwyn a'i rhagflaenodd eisoes wedi gwneud yn glir nad oedd bwriad gan y *Parti Québécois* i ddiddymu'r drefn addysg Saesneg. Fodd bynnag, pwysleisiwyd bod angen ffrwyno'r modd yr oedd y drefn honno wedi tueddu i danseilio statws y Ffrangeg. Felly, yn nhyb y PQ, dylid sicrhau bod addysg cyfrwng Saesneg ar gael i'r lleiafrif hanesyddol Saesneg eu hiaith a drigai yn Québec, ond y tu hwnt i hynny, 'it is legitimate to make sure that persons who settle in Québec in the future send their children to French schools' (Llywodraeth Québec, 1977a, t. 71). Er mwyn gwireddu'r dyhead cyffredinol hwn amlinellodd Mesur 101 gyfres o reoliadau manwl a gyfyngai fynediad i'r drefn addysg Saesneg i'r grwpiau canlynol yn unig: yn gyntaf, y plant hynny a oedd ag o leiaf un rhiant a oedd wedi derbyn addysg cyfrwng Saesneg yn Québec; yn ail, y plant hynny a oedd eisoes yn mynychu'r ysgolion Saesneg yn ogystal â'u brodyr a'u chwiorydd; ac yn drydydd, y plant hynny a oedd yn meddu ar o leiaf un rhiant a oedd wedi derbyn addysg Saesneg y tu allan i Québec, ond a oedd yn byw yn Québec ar yr adeg y cafodd y Siarter ei mabwysiadu.

Eto i gyd, dichon mai'r enwocaf o'r mesurau a gyflwynwyd o dan adain *La Charte de la langue française* oedd hwnnw a geisiai reoli pa ieithoedd a gâi ymddangos ar arwyddion cyhoeddus ar draws y dalaith. Yn ôl Bourhis a Landry (2002, t. 108), hyd at y 1970au cynnar roedd y Saesneg yn hollbresennol ar yr arwyddion, y posteri a'r hysbysebion a gâi eu harddangos gan y siopau a'r busnesau a oedd yn masnachu ar draws Québec, ac yn benodol, y rhai hynny a leolwyd yng nghanol Montreal. Ceir disgrifiad trawiadol o'r sefyllfa yn y ddinas honno yn ystod y cyfnod yn nyddiadur yr awdur enwog Roland Lorrain:

> Edrychwch yng nghanol y dref, yn ardal Sainte-Catherine-Peel er enghraifft: mae bron pob un o arwyddion y siopau yn uniaith Saesneg, a hynny er gwaethaf y Chwyldro Tawel enwog (o mor dawel!) a'r mwyafrif Ffrangeg eu hiaith sy'n trigo yn yr un ardal. Ychydig iawn, iawn o Ffrangeg a geir ar y cardiau bach sy'n hysbysebu pethau yn ffenestri'r siopau ac ar fwydlenni, er mwyn gwerthu! (Lorrain, 1966, t. 80; dyfynnwyd yn Bourhis a Landry, 2002, t. 108; cyfieithiad personol).[3]

Roedd Mesur 22, a gyflwynwyd gan lywodraeth ryddfrydol Robert Bourassa ym 1974, eisoes wedi cymryd rhai camau i sicrhau bod gwahanol fasnachwyr preifat yn gwneud mwy o ddefnydd o'r Ffrangeg. Ymhlith pethau eraill, gwnaeth y ddeddf honno hi'n orfodol i fasnachwyr gynnwys y Ffrangeg ochr yn ochr â'r Saesneg ar bob arwydd a arddangosid ganddynt yn gyhoeddus. Roedd hwn yn ddatblygiad pwysig, ond nid oedd yn ddigon i blesio nifer o'r ymgyrchwyr iaith. Yn eu tyb hwy, roedd y gydnabyddiaeth yma o ddwyieithrwydd yn gadarnhad pellach o ddominyddiaeth a phwysigrwydd y Saesneg (Bourhis a Landry, 2002, t. 108). O ganlyniad, pan gyflwynwyd Mesur 101 ym 1977, cymerwyd camau pellach er mwyn ceisio sicrhau bod tirwedd ieithyddol Québec yn adlewyrchu'r ffaith mai'r Ffrangeg oedd prif iaith y dalaith. Datganwyd mai'r Ffrangeg, *a'r Ffrangeg yn unig*, y dylid ei

63

defnyddio ar unrhyw arwydd, hysbyseb neu boster a arddangosid yn gyhoeddus gan fasnachwyr.

Cymerwyd cam o'r fath am amryw o resymau. Yn eu plith, roedd y dyhead i ddangos yn glir i drigolion Québec, ac yn enwedig i'r sawl a fyddai'n mudo i'r dalaith, mai'r Ffrangeg oedd prif iaith y gymdeithas. Byddai sicrhau tirwedd ieithyddol uniaith Ffrangeg yn fodd o danlinellu neges o'r fath. Ar ben hynny, trwy sefydlu unieithrwydd Ffrangeg, gellid sicrhau y byddai'r mesur iaith newydd yn cael dylanwad sydyn ar y sefyllfa ieithyddol ar draws Québec. Fel yr eglura Bourhis a Landry (2002, t. 107), er pwysigrwydd rhai o ddarpariaethau eraill Mesur 101, er enghraifft y bwriad i Ffrangegeiddio'r byd gwaith a'r bwriad i gyfyngu ar argaeledd addysg Saesneg, ni fyddent yn esgor ar ganlyniadau sydyn a gweladwy. Roedd hyn yn flaenllaw ym meddwl Camille Laurin, y gweinidog diwylliant a phrif bensaer y ddeddf:

Gosododd 'tad' Deddf 101, y doctor Camille Laurin, y nod iddo'i hun o fynd ati ar yr un pryd i roi sicrwydd i'r boblogaeth *Francophone* ynglŷn â statws a pharhad y ffaith Ffrangeg yn Québec, a hefyd i ddangos yn glir i'r boblogaeth *Anglophone* ac *Allophone* fod statws y Ffrangeg, mewn perthynas ag un y Saesneg, yn y broses o newid yn y dalaith. Yn sgil ei natur hynod weledol, a'i effaith sydyn, fe wnaeth *Ffrangegeiddio'r* tirlun ieithyddol symboleiddio, mewn modd diriaethol, y berthynas rym newydd rhwng y Ffrangeg a'r Saesneg yn Québec. (Bourhis a Landry, 2002, t. 107; cyfieithiad personol).[4]

O ganlyniad, penderfynwyd arddel polisi o unieithrwydd Ffrangeg ar arwyddion cyhoeddus.

Y Gwrthwynebiad

Esgorodd y polisi arwyddion uniaith ar wrthwynebiad chwyrn o gyfeiriad y cymunedau *Anglophone* ac *Allophone* yn Québec.[5] Yn achos y gymuned *Anglophone* yn benodol, ac yn enwedig yr aelodau hynny a feddai ar wreiddiau yn Québec a oedd yn ymestyn yn ôl i'r ddeunawfed ganrif, daeth y polisi i gael ei weld fel ymgais i wadu eu cyfraniad at ddatblygiad y gymdeithas (Stevenson, 1999, t. 187). Eto i gyd, wrth i amser fynd yn ei flaen cronnodd y gwrthwynebiad i'r polisi o amgylch un ddadl benodol. Mynnwyd bod y ffaith fod y polisi arwyddion yn galw am unieithrwydd Ffrangeg mewn perthynas ag arwyddion o eiddo cyrff preifat yn golygu ei fod yn cyfyngu mewn modd amhriodol ar ryddid mynegiant dinasyddion Québec (Stevenson, 1999: t. 188).[6]

Y ddadl hon ynglŷn ag effaith y polisi ar ryddid mynegiant a ddefnyddiwyd fel sail i'r her gyfreithiol a lansiwyd yn y pen draw yn ei erbyn. Dygwyd yr achos hwn ym 1984 gan Valerie Ford, perchennog siop wlân o Pointe-Claire, ynghyd â phump o fasnachwyr eraill o ardal Montreal. Roedd pob un o'r masnachwyr hyn wedi'u cyhuddo o arddangos arwyddion dwyieithog yn groes i ofynion y *Charte de la langue française*. Fodd bynnag, yn hytrach na derbyn y cyhuddiadau a thalu eu dirwyon aethant ati i herio'r polisi, gan alw ar y llysoedd i ddatgan ei fod yn tramgwyddo rhyddid mynegiant – rhyddfraint sylfaenol a gâi ei gwarantu gan Siarter Hawliau Dynol Québec a Siarter Hawliau a Rhyddfreiniau Canada (Stevenson, 1999, t. 187).

Cafodd y ddadl hon ei derbyn gan Uchel Lys Québec ym 1984, gan Lys Apêl Québec ym 1986 ac yna, yn y pen draw, gan Oruchaf Lys Canada ym 1988. Ar bob achlysur, dyfarnwyd bod y cymalau hynny o'r *Charte* a oedd yn galw am unieithrwydd Ffrangeg ar arwyddion cyhoeddus yn tramgwyddo rhyddid mynegiant trigolion Québec. Nodwyd na fyddai dim o'i le ar bolisi a'i gwnâi yn ofynnol i fasnachwyr gynnwys y Ffrangeg ar unrhyw arwydd, neu hyd yn oed bolisi a oedd yn datgan y dylai'r Ffrangeg gael blaenoriaeth. Fodd bynnag, roedd gwahardd y Saesneg, neu'n wir unrhyw iaith arall, yn mynd yn rhy bell. O ganlyniad datganwyd y dylai'r polisi gael ei addasu (Stevenson, 1999, tt. 186–90).

Serch hynny, nid ymateb trwy gyfaddawdu'n llwyr wnaeth
Llywodraeth Québec yn dilyn cyhoeddi dyfarniad terfynol Goruchaf
Lys Canada ym 1988. Yn hytrach, penderfynwyd y dylai'r *Charte
de la langue française* gael ei heithrio o gylch gorchwyl yr Goruchaf
Lys. Gwnaed hynny trwy ddefnyddio'r *notwithstanding clause*; cymal
yng nghyfansoddiad Canada sy'n caniatáu i daleithiau eithrio
deddfau penodol am gyfnod o bum mlynedd (Larrivée, 2003, t.
175). Yna, cyn diwedd 1988, cyflwynwyd mesur newydd – Mesur
178 – a oedd yn diwygio ychydig ar gynnwys deddf wreiddiol
1977. Yn ôl y mesur newydd hwn, rhaid oedd i'r arwyddion a'r
hysbysebion a arddangosid y tu allan i siopau a busnesau barhau
i fod mewn Ffrangeg yn unig. Fodd bynnag, rhoddwyd caniatâd
i fasnachwyr ddefnyddio Saesneg, neu unrhyw iaith arall, ar yr
arwyddion a arddangosid dan do, ar yr amod fod y Ffrangeg yn
parhau i gael goruchafiaeth. Teimlai'r llywodraeth y byddai hyn
yn cael ei dderbyn gan bawb fel cyfaddawd derbyniol (Larrivée,
2003, t. 175). Ond, nid dyma oedd diwedd y dadlau. I ddechrau,
roedd y trefniant newydd hwn yn parhau i fod yn un a oedd yn
tramgwyddo rhyddid mynegiant, yn ôl y modd y diffiniwyd ef
gan yr Goruchaf Lys. Ar ben hynny, dim ond trefniant dros dro
ydoedd, gan fod defnydd Llywodraeth Québec o'r *notwithstanding
clause* yn golygu y byddai'n rhaid edrych eto ar y mater ymhen
pum mlynedd.

A dyna ddigwyddodd. Erbyn dechrau'r 1990au roedd polisi
arwyddion Québec wedi ennill statws drwgenwog, nid yn unig
ar draws Canada, ond hefyd ar y llwyfan rhyngwladol, yn dilyn
beirniadaeth gan y Cenhedloedd Unedig (Chevrier, 2003, t. 138;
Woehrling, 2005, tt. 60–4). O ganlyniad, nid oedd yn syndod i'r
llywodraeth gyflwyno diwygiadau pellach i'r polisi arwyddion
ym Mehefin 1993. Arweiniodd hyn at lacio cryn dipyn ar y
rheoliadau. Bellach, byddai gan fasnachwyr yr hawl i arddangos
arwyddion dwyieithog, ar yr amod fod y Ffrangeg yn parhau i gael
goruchafiaeth amlwg (Larrivée, 2003, t. 175). Trwy gyflwyno'r
newidiadau hyn, roedd Llywodraeth Québec yn cydymffurfio, i

raddau helaeth, â chasgliadau Goruchaf Lys Canada yn ei ddyfarniad 'nôl ym 1988.

Rhyddid Mynegiant: Rhyddfraint Sylfaenol?

Gwelir felly mai'r honiad ei fod yn cyfyngu ar ryddid mynegiant unigolion fu'n ganolbwynt i'r dadlau a fu ynglŷn â dilysrwydd y polisi arwyddion uniaith, a gyflwynwyd gan Lywodraeth Québec o dan adain y *Charte de la langue française*. Ond, pam fod y syniad o gyfyngu ar ryddid mynegiant yn un mor ddadleuol yng nghyd destun cymdeithasau democrataidd-rhyddfrydol?

Pan ystyrir y portread o natur y gymdeithas dda a chyfiawn a gyflwynir yng ngwaith y mwyafrif o athronwyr rhyddfrydol cyfoes, fe welir bod cryn bwyslais yn cael ei roi ar yr angen i sicrhau bod clwstwr o ryddfreiniau sylfaenol yn cael eu gwarantu i bawb yn ddiwahân (gweler, er enghraifft: Rawls, 1971; Dworkin, 1978; Ackerman,1980; Gutmann, 1980; Van Parijs, 1995). Er mwyn deall union oblygiadau dadleuon yr athronwyr hyn, mae'n bwysig nodi'r defnydd a wnânt o'r gair *sylfaenol*. Mae hyn yn allweddol, oblegid tanlinella'r ffaith nad yw rhyddfrydwyr, fel rheol, yn argymell y dylai unigolion gael eu gadael i fedru cyflawni unrhyw weithred y gellid, mewn rhyw fodd, ei phortreadu fel rhyddid (Kymlicka, 2002, t. 56). Yn hytrach, yr hyn a gaiff ei bwysleisio gan ryddfrydwyr yw'r angen i warantu rhyddfreiniau sylfaenol pob unigolyn – hynny yw, gallu'r unigolyn i fod yn rhydd i wneud y pethau hynny a ystyrir yn angenrheidiol er mwyn byw bywyd annibynnol ac ymreolus. Ond beth yn union y mae hyn yn ei gwmpasu?

Yn ei gyfrol hynod ddylanwadol *A Theory of Justice*, cynigiodd John Rawls (1971, t. 61) restr fanwl o ryddfreiniau a oedd yn cynnwys, ar y naill law, ryddfreiniau gwleidyddol pwysig megis yr hawl i bleidleisio, yr hawl i sefyll fel ymgeisydd mewn etholiad a'r hawl i achos llys teg, ac ar y llaw arall, rhyddfreiniau sifil pwysig megis y rhyddid i ymgynnull gydag eraill yn heddychlon, rhyddid cydwybod, rhyddid barn, ac, yn arwyddocaol o ran y bennod hon, rhyddid mynegiant. Ar ben hynny, er mwyn pwysleisio'r pwysigrwydd a briodolai i'r rhyddfreiniau hyn, dadleuodd Rawls y gellid ond caniatáu i wladwriaeth gyfyngu arnynt mewn amgylchiadau eithriadol, pan fyddai'n cyrchu amcanion hynod bwysig ac arwyddocaol. Ymhellach, mynnai Rawls mai'r unig fath o amcanion y gellid eu ystyried eu bod yn perthyn i'r categori hwn oedd y rheini a oedd yn ymwneud â cheisio atal ar gyfyngu hyd yn oed yn fwy sylweddol ar ryddid unigolion. Fel yr eglurodd, 'The limitation of liberty is justified only when it is necessary for liberty itself, to prevent an invasion of freedom that would be still worse' (Rawls, 1971, t. 215).

Gwelir felly fod rhyddid mynegiant yn rhyddfraint sy'n meddu ar arwyddocâd moesol sylweddol. Yn sgil hynny, tuedda i gael ei drin fel un o'r clwstwr o hawliau sylfaenol y mae disgwyl i unrhyw wladwriaeth ddemocrataidd-rhyddfrydol eu cydnabod a'u gwarantu i bawb yn ddiwahân, gan gyflwyno cyfyngiadau mewn amgylchiadau eithriadol yn unig. O ganlyniad, gellir deall pam y byddai'r cyhuddiad fod un o bolisïau iaith Québec yn cyfyngu mewn modd annerbyniol ar ryddid mynegiant wedi esgor ar y fath drafod a dadlau. Ond, i ba raddau yr oedd sail i'r cyhuddiad hwn? I ba raddau yr oedd casgliad y gwahanol wrthwynebwyr, ac yn y pen draw, y llysoedd, yn gywir? A oedd y polisi arwyddion uniaith yn haeddu cael ei drin fel achos o gyfyngu ar ryddid mynegiant? Ymhellach, os ydoedd yn euog o hyn, i ba raddau yr oedd y cyfyngu a welwyd yn haeddu cael ei weld fel rhywbeth gormodol ac amhriodol o dan yr amgylchiadau?

Cloriannu'r Polisi Arwyddion

Y cam cyntaf wrth gloriannu'r polisi arwyddion yw ystyried i ba raddau yr oedd y polisi wir yn haeddu cael ei drin fel achos o gyfyngu ar ryddid mynegiant. Mae angen ystyried hyn yn ofalus, oblegid amcan amryw o'r dadleuon amddiffynnol a ddefnyddiwyd gan lywodraeth Québec oedd ceisio gwadu bod y polisi'n effeithio mewn unrhyw fodd ar ryddid mynegiant. Hawliwyd, yn hytrach, mai beirniaid y polisi oedd yn euog o gamddeall union ystyr a goblygiadau'r rhyddid hwnnw. Gwelwyd hyn, er enghraifft, wrth i'r llywodraeth ddadlau gerbron y llysoedd nad yw rhyddid mynegiant yn rhyddfraint sy'n gwarantu gallu person i'w fynegi ei hun ym mha iaith bynnag y bo'n dewis. Mynnwyd nad oedd hi'n briodol na chwaith yn ymarferol dehongli'r rhyddid mewn termau o'r fath.

I ddechrau, yn nhyb y llywodraeth, byddai dehongli rhyddid mynegiant fel rhyddfraint sy'n meddu ar ddimensiwn ieithyddol yn ymestyn ei gwmpas mewn modd amhriodol. Yn nhyb y llywodraeth, wrth drafod rhyddid mynegiant dylid gwahaniaethu'n glir rhwng y cynnwys a'r cyfrwng, hynny yw, rhwng y syniadau a'r teimladau a fynegir gan berson, a'r iaith a ddefnyddir gan y person hwnnw i'w cyfleu. Mynnwyd bod hyn yn wahaniaeth pwysig, ac mai'r elfen gyntaf, sef y cynnwys, oedd yn allweddol yn achos rhyddid mynegiant. Gwarchod gallu pobl i fynegi syniadau a theimladau yn ôl eu dymuniad oedd yn bwysig, ac nid yr iaith a ddefnyddid ganddynt. Am hynny, tybiwyd nad oedd rheoliadau a oedd yn cyfyngu ar y defnydd o ieithoedd penodol ar arwyddion cyhoeddus yn tramgwyddo rhyddid mynegiant. Yn y pen draw, dim ond cyfrwng oedd yr iaith – dull o gyfleu cynnwys yr hyn a gâi ei fynegi (Goruchaf Lys Canada,1988, pwynt 41).

Yn ogystal, mynnai'r llywodraeth y byddai dehongli rhyddid mynegiant fel rhyddfraint sy'n meddu ar ddimensiwn ieithyddol yn esgor ar ymrwymiadau hollol anymarferol. Seiliwyd yr honiad hwn ar y gred y byddai dehongli rhyddid mynegiant mewn termau o'r fath yn arwain at sefyllfa lle byddai ei warantu'n golygu bod disgwyl i wladwriaethau sicrhau bod pob unigolyn yn medru defnyddio ei ddewis iaith heb unrhyw dramgwydd ym mhob cyd-destun posib. Ymhlith pethau eraill, byddai hyn yn golygu bod disgwyl i wladwriaethau estyn cydnabyddiaeth swyddogol i bob iaith a feddai ar bresenoldeb o fewn ei ffiniau, fel bod modd i siaradwyr yr

ieithoedd hynny eu defnyddio yn ôl eu dymuniad wrth gyflawni
pob math o dasgau cyhoeddus (er enghraifft, wrth gyflawni busnes
cyhoeddus yn y ddeddfwrfa neu gerbron y llysoedd, neu wrth
wneud defnydd o wasanaethau cyhoeddus, megis ysgolion, ysbytai
neu wasanaethau cymdeithasol). Yn nhyb llywodraeth Québec,
byddai darparu ar gyfer hyn yn hollol afrealistig.

Gwelir felly fod rhan o amddiffyniad llywodraeth Québec o'i
pholisi arwyddion wedi'i seilio ar geisio profi nad yw rhyddid
mynegiant, mewn gwirionedd, yn rhyddid sy'n gwarantu gallu
person i'w fynegi ei hun ym mha iaith bynnag y bo'n dewis. Fodd
bynnag, i ba raddau y mae'r dadleuon a gyflwynwyd i ategu'r
safbwynt hwn yn argyhoeddi?

Mewn gwirionedd, dadleuon sy'n sefyll ar dir go simsan ydynt.
Cymerer, i ddechrau, y ddadl a bwysleisiai y dylid gwahaniaethu
rhwng y cynnwys a'r cyfrwng wrth drafod rhyddid mynegiant. Un
o broblemau sylfaenol y ddadl hon yw ei bod yn syrthio i'r fagl
o drin iaith fel dim mwy na chyfrwng cyfathrebu arwynebol nad
yw ond yn caniatáu inni drosglwyddo gwybodaeth i eraill. Fodd
bynnag, mae iaith yn rhywbeth sy'n meddu ar arwyddocâd llawer
mwy pellgyrhaeddol na hyn. Fel y dadleua'r cymdeithasegydd iaith
enwog Joshua Fishman, yn ogystal â bod yn gyfrwng ar gyfer mynegi
gwahanol syniadau neu deimladau, mae iaith yn rhywbeth sy'n
medru ychwanegu ystyr ac arwyddocâd i'r mynegiant hwnnw:

> …language is not merely a means of interpersonal communication
> and influence. It is not merely a carrier of content, whether latent
> or manifest. Language is itself content, a reference for loyalties
> and animosities, an indicator of social statuses and personal
> relationships, a marker of situations and topics as well as of the
> societal goals and the large-scale value-laden arenas of interaction
> that typify every speech community. (Fishman, 1972, t. 4).

O ystyried hyn, anodd yw dychmygu sut y gall person feddu
ar ryddid mynegiant go iawn os nad yw'n meddu ar y gallu i'w

fynegi ei hun yn ei ddewis iaith. Tu hwnt i hyn, mae'r casgliad y dylai 'mynegiant' gael ei ddehongli mewn termau sy'n ymestyn ymhellach na'r cynnwys yn unig yn un a gaiff ei atgyfnerthu pan ystyrir bod rhestrau arferol o ryddfreiniau sylfaenol – cymerer, er enghraifft, y rhestr a gynigir gan Rawls (1971, t. 61) – yn tueddu i gynnwys cyfeiriad at bethau fel rhyddid cydwybod a rhyddid barn. Dyma ryddfreiniau sy'n ymwneud mewn modd mwy uniongyrchol â gwarchod cynnwys neu sylwedd y safbwyntiau a gaiff eu harddel gan wahanol unigolion. Awgryma hyn, felly, y dylai rhyddid mynegiant gael ei ddehongli fel rhyddfraint sy'n ymestyn y tu hwnt i gynnwys y mynegiant, gan gwmpasu hefyd y cyfrwng (Goruchaf Lys Canada, 1988, pwynt 40).

Sefyll ar dir simsan hefyd y mae'r ddadl a fynnai y byddai'n gwbl anymarferol dehongli rhyddid mynegiant fel rhyddfraint sy'n meddu ar ddimensiwn ieithyddol. Nid yw dweud y dylai fod gan bobl y rhyddid i'w mynegi eu hunain ym mha iaith bynnag y dymunant yn gyfystyr a dweud y dylent fedru defnyddio eu dewis iaith heb unrhyw dramgwydd ym mhob cyd-destun, ac yn benodol, y dylent fedru cyflawni pob math o fusnes cyhoeddus a derbyn gwasanaethau cyhoeddus trwy gyfrwng yr iaith honno. Dylid cydnabod y bu rhai achosion cyfreithiol lle ceisiwyd hawlio bod darpariaethau rhyddid mynegiant yn meddu ar y fath oblygiadau pellgyrhaeddol (gweler, er enghraifft, amryw o'r achosion a drafodir gan de Varennes, 1994). Fodd bynnag, bu i'r llysoedd wrthod pob ymgais o'r fath, ac i'm tyb i, roeddent yn gwbl gywir yn eu dyfarniadau. Wedi'r cyfan, fel yn achos rhyddfreiniau sylfaenol eraill, megis rhyddid cydwybod neu'r rhyddid i ymgynnull, gosod dyletswyddau negyddol ar gyd-ddinasyddion, ac ar y wladwriaeth yn arbennig, a wna rhyddid mynegiant. Nid yw ei ddarpariaethau yn cynnwys sefydlu dyletswyddau cadarnhaol. O ganlyniad, tra gellir dadlau bod parchu rhyddid mynegiant person yn golygu bod dyletswydd ar ei gyd-ddinasyddion ac ar y wladwriaeth i beidio ag amharu ar ei allu i siarad unrhyw iaith y bo'n dymuno, ni ellir dadlau bod disgwyl hefyd iddynt ymrwymo

71

i ddeall yr hyn a ddywedir, ac yn dilyn hynny, i ymateb yn yr un iaith (Woehrling, 2005). Wrth reswm, byddai'n gwbl anymarferol i unrhyw wladwriaeth ymrwymo i warantu rhyddfraint a oedd yn meddu ar oblygiadau mor bellgyrhaeddol â hynny. Fodd bynnag, nid rhyddfraint o'r fath mo rhyddid mynegiant, ac felly, yn groes i honiad llywodraeth Québec, nid yw anymarferoldeb yn rheswm dros gasglu na ddylai gael ei weld fel rhyddfraint sy'n meddu ar ddimensiwn ieithyddol.

Eto i gyd, hyd yn oed os oes rhaid derbyn bod rhyddid mynegiant yn cwmpasu gallu pobl i'w mynegi eu hunain ym mha iaith bynnag y dymunant, mynnodd llywodraeth Québec nad oedd hyn yn profi bod y polisi arwyddion, o anghenraid, yn cyfyngu ar y rhyddfraint honno, gan nad yw ei ddarpariaethau yn ymestyn i faes cyfathrebu masnachol. Yn nhyb y llywodraeth, rhyddfraint a oedd yn ymwneud â meysydd pwysig fel gwleidyddiaeth a'r celfyddydau oedd rhyddid mynegiant. Nid oedd o'r farn y dylai ei ddarpariaethau ymestyn y tu hwnt i feysydd o'r fath. Mynnwyd na fyddai hynny ond yn arwain at lastwreiddio'i statws a'i arwyddocâd. Fel y dadleuwyd yn ystod yr achos gerbron y Goruchaf Lys ym 1988, caiff rhyddid mynegiant ei ystyried yn rhyddid sy'n gwarchod buddiannau sylfaenol, ond nid oes dim sylfaenol yn perthyn i gyfathrebu masnachol (Goruchaf Lys Canada, 1988, pwynt 53; gweler hefyd Coulombe, 1995, t. 121).

Yn sicr, meysydd megis gwleidyddiaeth a'r celfyddydau a ystyrir fel arfer wrth drafod rhyddid mynegiant, er enghraifft rhyddid person i arddel a mynegi gwahanol safbwyntiau gwleidyddol, neu ei ryddid i greu a chyhoeddi gwahanol weithiau llenyddol neu gelfyddydol. Nid oedd y polisi arwyddion yn cyfyngu mewn unrhyw fodd ar ryddid dinasyddion Québec yn y meysydd allweddol hyn. Roedd rhai o gymalau Mesur 101 yn nodi'n glir nad oedd yr angen am unieithrwydd Ffrangeg yn ymestyn i unrhyw arwydd neu gyhoeddiad gwleidyddol, crefyddol na diwylliannol. O ganlyniad, yn nhyb y llywodraeth, roedd eithriadau o'r fath yn brawf o'u hymrwymiad i gynnal rhyddid mynegiant (Coulombe,

1995, t. 121). Nid oeddent o'r farn fod yr ymdrech i reoleiddio cyfathrebu masnachol yn tanseilio'r ymrwymiad hwnnw mewn unrhyw fodd.

I ba raddau y mae dadl o'r fath yn dal dŵr? Ar y cyfan, credaf fod y llywodraeth yn euog o geisio gorbwysleisio'r gwahaniaeth rhwng mynegiant masnachol a mynegiant gwleidyddol neu gelfyddydol. Daw hyn i'r amlwg wrth graffu ar rai o'r gwrth-ddadleuon a amlinellwyd gan y Goruchaf Lys yn ei ddyfarniad. Roedd y llys yn cydnabod mai'r mynegiant o syniadau gwleidyddol a ystyrir fel arfer wrth drafod rhyddid mynegiant. Awgrymwyd bod hyn yn deillio o'r ffaith mai yn y maes hwn y gwelwyd y bygythiadau mwyaf mynych dros y blynyddoedd i ryddid o'r fath. Fodd bynnag, nid oedd y llys yn teimlo bod hyn yn rheswm dros ddiystyru pwysigrwydd rhyddid mynegiant mewn meysydd eraill, megis y byd masnachol (Goruchaf Lys Canada, 1988, pwynt 60). Yn y pen draw, dim ond un ffurf ar fynegiant ymhlith nifer yw mynegiant gwleidyddol, ac fel y noda'r llys, mae pob un o'r ffurfiau hyn yn meddu ar werth pwysig mewn cymdeithas rydd a democrataidd:

> It is apparent to this Court that the guarantee of freedom of expression… cannot be confined to political expression, important as that form of expression is in a free and democratic society… political expression is only one form of the great range of expression that is deserving of constitutional protection because it serves individual and societal values in a free and democratic society. (Goruchaf Lys Canada, 1988, Pwynt 60)

Yn y pen draw, er mai rheoleiddio gweithgareddau masnachol oedd amcan Llywodraeth Québec, ni ddylid anwybyddu'r ffaith mai canlyniad y polisi oedd atal unigolion rhag defnyddio iaith benodol: 'Although the expression in this case has a commercial element, it should be noted that the focus here is on choice of language and on a law which prohibits the use of a language' (Goruchaf Lys Canada, 1988, pwynt 60).

At ei gilydd felly, gwelir y dylai rhyddid mynegiant gael ei ddehongli fel rhyddfraint sy'n cwmpasu gallu person i'w fynegi ei hun ym mha iaith bynnag y bo'n dymuno. Ar ben hynny, gwelir y dylid ei ddehongli fel rhyddfraint sy'n cwmpasu sawl ffurf wahanol ar fynegiant, gan gynnwys ffurfiau llai amlwg megis mynegiant masnachol ei natur. O ganlyniad, rhaid casglu bod y polisi arwyddion gwreiddiol, a gyflwynwyd gan lywodraeth Québec o dan adain Mesur 101, yn tramgwyddo ar rhyddid mynegiant dinasyddion y dalaith. Fodd bynnag, nid yw hyn yn golygu bod yn rhaid casglu hefyd i'r polisi fod yn un cwbl annerbyniol o safbwynt moesol. Nid yw'r cyntaf o'r casgliadau hyn yn arwain yn anochel at yr ail. Fel yr eglurwyd yn y rhan ddiweddaraf, tra bo athronwyr megis Rawls wedi tueddu i briodoli statws moesol uchel iawn i ryddfreiniau sylfaenol megis rhyddid mynegiant, rhyddid cydwybod a'r rhyddid i ymgynnull, nid ydynt wedi'u trin fel gofynion hollol absoliwt. Ymhellach, os trown i ystyried gweithredoedd ymarferol nifer helaeth o wladwriaethau democrataidd-rhyddfrydol, gwelir bod rhyddfreiniau o'r fath – a rhyddid mynegiant yn benodol – yn aml yn cael eu cyfyngu mewn rhyw fodd neu'i gilydd. Yn wir, fel y noda Van Mill (2002): 'no society has existed where speech has not been limited to some extent'.

Eto i gyd, tra derbynnir nad pethau cwbl absoliwt mo rhyddfreiniau sylfaenol megis rhyddid mynegiant, derbynnir hefyd na ddylid mynd ati i gyfyngu arnynt ar hap. O ystyried y statws moesol uchel a briodolir iddynt, rhesymol yw disgwyl i'r sawl sy'n dymuno cyflwyno cyfyngiadau fedru bodloni rhai amodau arbennig cyn bwrw ymlaen. Fel y gwelwyd, yn nhyb Rawls, dylid disgwyl i'r sawl sydd am gyfyngu ar ryddfreiniau sylfaenol unigolion fedru dangos bod gweithredu yn y fath fodd yn angenrheidiol er mwyn cyrchu amcan sy'n hynod bwysig ac arwyddocaol. Ymhellach, mynnai Rawls mai'r unig fath o amcanion y gellid eu hystyried eu bod yn perthyn i'r categori hwn, yw'r rheini sy'n ymwneud â cheisio atal 'an even greater injustice, an even greater loss of liberty' (Rawls, 1971, t. 214). Nawr, yn achos rhyddid mynegiant, gellir gweld sut y caiff yr amod heriol hon ei bodloni pan fo natur yr hyn y caiff pobl ei ddatgan yn gyhoeddus yn cael ei rheoleiddio ar sail yr amcan o atal unigolion rhag cael eu difenwi (boed ar ffurf sarhad neu enllib) (Van Mill, 2012). Fodd bynnag, pan drown at achos polisi arwyddion Québec, a'r ymgais i gyfyngu ar ryddid pobl i'w mynegi eu hunain trwy gyfrwng eu dewis iaith, nid yw'n glir o gwbl beth oedd y cyfyngu hyd yn oed mwy sylweddol ar ryddid unigolion yr amcanwyd i'w atal. O ganlyniad, pan gaiff ei ystyried o safbwynt fframwaith moesol Rawls, ymddengys polisi arwyddion Québec fel achos o gyfyngu *annerbyniol* ar ryddid mynegiant.

Wrth gwrs, mae'n ddigon posib na fyddai pawb yn cytuno â Rawls y dylid disgwyl i'r amcan a gyrchir feddu ar y fath arwyddocâd moesol cyn y gellir ystyried cymeradwyo polisi sy'n cyfyngu ar ryddfraint sylfaenol, megis rhyddid mynegiant. Ochr yn ochr ag amcanion sy'n ymwneud â hybu rhyddid ei hun, mae'n bosib y byddai rhai am ddadlau y dylid hefyd trin ystod o amcanion cymdeithasol ehangach fel rhai sy'n meddu ar arwyddocâd digonol. O ystyried hyn, mae'n werth rhoi sylw i natur y ddadl a gyflwynwyd gan y Goruchaf Lys yn y cyswllt hwn (Goruchaf Lys Canada, 1988, gweler hefyd Tully, 1995: tt. 165–76). Fel Rawls, mynnodd y llys y dylid disgwyl i bolisi sy'n arwain at gyfyngu ar ryddfreiniau sylfaenol dinasyddion fod yn un sy'n cyrchu amcan hynod arwyddocaol – 'it must bear on a pressing and substantial concern' (Goruchaf Lys Canada, 1988a, pwynt 62). Eto i gyd, ni fu i'r llys ddilyn trywydd Rawls gan fynnu mai'r unig fath o amcanion a allai gael eu hystyried fel rhai sy'n meddu ar arwyddocâd digonol yw rheini a fyddai'n ymwneud â cheisio hybu achos rhyddid ei hun. Yn wir, o ddarllen ei ddyfarniad, ymddengys fel pe bai'r llys wedi bod yn barod i gydnabod bod polisi arwyddion Québec yn cyfrannu at gyrchu amcan cymdeithasol cyffredinol hynod bwysig. Wrth fyfyrio ar y ffaith mai amcan y polisi arwyddion oedd cyfrannu at ymgais ehangach llywodraeth Québec i gynnal a gwarchod y Ffrangeg yn y dalaith yn wyneb grym aruthrol y Saesneg, cyfeiriodd y llys ato fel polisi a oedd yn meddu ar 'serious and legitimate aims' (Goruchaf Lys Canada 1988: pwynt 73).

Fodd bynnag, hyd yn oed pe baem yn llacio ychydig ar amod Rawls, fel y gwnaeth y llys, gan adael i ystod ehangach o amcanion gael eu hystyried fel rhai a all arwain at gyfyngu ar ryddfreiniau sylfaenol, nid wyf o'r farn y byddai hyn yn caniatáu inni gasglu bod polisi arwyddion Québec yn haeddu cael ei bortreadu fel polisi di-fai. Nid arwyddocâd yr amcan a gyrchir yw'r unig fater y dylid ei ystyried wrth gloriannu dilysrwydd polisi cyhoeddus sy'n arwain at gyfyngu ar ryddfreiniau sylfaenol. Fel y pwysleisiodd y Gorychaf Lys yn ei ddyfarniad dylid mynnu hefyd ar amod arall, sef bod modd dangos bod y cyfyngu arfaethedig yn briodol ac yn gymesur â'r amcan a gyrchir – hynny yw, fod y mesurau cyfyngu wedi'u cynllunio mewn modd mor ofalus â phosib a'u bod hefyd yn meddu ar berthynas glir â'r amcan a gyrchir (Goruchaf Lys Canada, 1988, pwynt 62). Mewn geiriau eraill, o ystyried y pwysigrwydd a briodolir i ryddfreiniau sylfaenol, rhesymol yw disgwyl i'r sawl sy'n dadlau o blaid mesurau sy'n cyfyngu arnynt fedru dangos eu bod yn gwbl angenrheidiol i'r dasg o gyflawni'r amcan a gyrchir, ac na fyddai mesurau gwahanol, llai pellgyrhaeddol eu goblygiadau, yn gwneud y tro.

I ba raddau y gellid dadlau bod polisi arwyddion llywodraeth Québec wedi bodloni'r ail amod hon? Wrth amddiffyn y polisi gerbron y llysoedd cyflwynodd y llywodraeth doreth o ddogfennau a oedd yn tystio i safle bregus y Ffrangeg yn Québec, ac ar draws Canada'n gyffredinol. Ar ben hynny, cyflwynwyd ystod o astudiaethau o faes cymdeithaseg iaith a oedd yn cadarnhau bod statws cyhoeddus iaith yn ffactor allai gyfrannu'n sylweddol at ei llewyrch. Ar sail y deunydd hwn, dadleuwyd bod polisi pellgyrhaeddol a oedd yn gosod cyfyngiadau ar ba ieithoedd a gâi ymddangos ar arwyddion cyhoeddus yn gwbl briodol a rhesymol – hyd yn oed pe bai hynny'n golygu cyfyngu ar ryddid mynegiant – gan fod cymryd cam o'r fath yn rhan allweddol o'r ymdrech i ddiogelu dyfodol y Ffrangeg yn Québec. Eto i gyd, a oedd sail i honiad o'r fath?

Tra bo'r deunyddiau a gyflwynwyd yn dangos bod polisïau a oedd yn dyrchafu statws cyhoeddus y Ffrangeg yn Québec, trwy sicrhau presenoldeb blaenllaw iddi ar arwyddion cyhoeddus, yn rhan allweddol o'r ymdrech i'w chynnal, nid oeddent yn dangos pam fod y dyrchafiad cyhoeddus hwn, o anghenraid, yn galw am sefydlu unieithrwydd Ffrangeg. Fel y dadleuodd y llys yn ei ddyfarniad:

> The materials do not, however, demonstrate that the requirement of the use of French only is either necessary for the achievement of the legislative objective or proportionate to it... The issue is whether any such prohibition is justified. In the opinion of this Court it has not been demonstrated that the prohibition of the use of any language other than French... is necessary to the defence and enhancement of the status of the French language in Québec or that it is proportionate to that legislative purpose. (Goruchaf Lys Canada, 1988, pwynt 73).

Doedd neb – gan gynnwys gwrthwynebwyr mwyaf chwyrn y polisi arwyddion – yn gwadu bod y Ffrangeg dan bwysau yn Québec, na chwaith fod trefnu tirwedd ieithyddol y dalaith mewn modd a fyddai'n cyfleu ei statws mwyafrifol yn hanfodol er mwyn gwella'i rhagolygon. Fodd bynnag, roedd cryn amheuaeth ynglŷn â'r awgrym na allai hyn ond cael ei gyflawni trwy gyfrwng polisi a oedd yn cyfyngu ar ryddid mynegiant trwy wahardd pob iaith heblaw'r Ffrangeg rhag ymddangos, nid yn unig ar arwyddion o eiddo cyrff cyhoeddus, ond hefyd ar rai o eiddo dinasyddion preifat. Fel y dadleuodd y Goruchaf Lys, yn hytrach na cheisio sefydlu unieithrwydd Ffrangeg, gallai'r llywodraeth fod wedi anelu at sicrhau bod yr iaith yn derbyn goruchafiaeth amlwg ar bob arwydd cyhoeddus, er enghraifft trwy gyflwyno rheoliadau a oedd yn ymwneud â diwyg yr arwyddion a maint y gwahanol ddarnau o destun a gâi eu harddangos. Byddai hyn wedi bod yn bolisi mwy priodol a mwy cymesur o ystyried yr amcan a gyrchid. '[R]equiring the predominant display of the French language, even its marked predominance, would be proportional to the goal of promoting and maintaining a French "visage linguistique" in Québec' (Goruchaf Lys Canada, 1988a, pwynt 78; gweler hefyd Tully, 1995, t. 171).

At ei gilydd felly, ni ellir casglu bod y cyfyngu ar ryddid mynegiant a ddeilliai o gyflwyno polisi arwyddion uniaith llywodraeth Québec wedi bod yn briodol ac yn gymesur o ystyried natur yr amcan cyffredinol a gyrchid. Yn sgil hyn, rhaid cytuno â'r sawl a hawliai fod y polisi yn un annerbyniol, a oedd, o dan yr amgylchiadau, yn mynd y tu hwnt i'r hyn y gellir ei ystyried yn dderbyniol o fewn cymdeithas ddemocrataidd-rhyddfrydol.

Wrth gloi, fodd bynnag, mae'n bwysig nodi un pwynt pellach. Tra dadleuwyd uchod fod y polisi arwyddion uniaith a fabwysiadwyd gan lywodraeth Québec ar ddiwedd y 1970au yn haeddu cael ei drin fel enghraifft o gyfyngu amhriodol ar ryddfreiniau sylfaenol, dylid gochel rhag dilyn arweiniad rhai carfanau yn y wasg Saesneg yng Nghanada a aeth ymlaen i honni bod hyn, mewn ryw fodd, yn dystiolaeth o feddylfryd anoddefgar ac awdurdodaidd y sawl a siaradai o blaid cynnal y Ffrangeg. Mae angen cydnabod bod yna wahaniaeth sylfaenol rhwng yr achos a drafodwyd yn yr ysgrif hon, a nifer o achosion eraill lle bydd gwladwriaeth wedi amharu ar ryddfreiniau sylfaenol ei dinasyddion. Tra bod y polisi arwyddion uniaith wedi mynd yn rhy bell, dylid cofio iddo ddeillio o ymgais i hybu amcan cyffredinol a oedd yn gwbl ddilys o safbwynt moesol, sef hybu rhagolygon y Ffrangeg yn Québec. Fodd bynnag, mewn nifer o achosion eraill lle bydd gwladwriaeth wedi cyfyngu ar ryddfreiniau sylfaenol, nid oes hyd yn oed amcan dilys i'w weld. Ym maes iaith, cymerer, er enghraifft, rai o'r polisïau y bu i lywodraeth Twrci eu harddel dros y blynyddoedd mewn perthynas â'r gymuned Gwrdaidd. Roedd amryw o'r polisïau hyn hefyd yn arwain at gyfyngu ar ryddid mynegiant, er enghraifft y polisi a oedd yn gwahardd y defnydd o enwau personol Cwrdaidd. Fodd bynnag, go brin y gellid awgrymu bod y polisïau hyn yn deillio o ymgais i hyrwyddo unrhyw amcan polisi dilys. Yn hytrach, yr hyn a gafwyd yma oedd dim mwy nag ymgais amrwd i beri niwed ac i wahaniaethu yn erbyn lleiafrif gwan. Er ei fod yn gam annerbyniol, nid rhywbeth a oedd yn perthyn i'r gwastad moesol hwn oedd polisi arwyddion uniaith llywodraeth Québec.

Nodiadau

1   Am orolwg cynhwysfawr o'r gwahanol ddeddfau iaith a gyflwynwyd rhwng 1960 a 1977 gweler amryw o'r penodau yn Levine (1990).

2   Am amlinelliad manwl o natur y broses o Ffrangegeiddio gweler Bouchard (2002).

3   Dyma'r testun gwreiddiol: 'Regardez au centre de la ville, dans le quartier Sainte-Catherine-Peel par exemple: presque toutes les grandes enseignes sont uniquement en anglais, et cela malgré la fameuse Révolution tranquille (oh, ce tranquille!) et la majorité française qui fait vivre même le centre de la ville. Il y a bien peu de français sur les petites pancartes des vitrines et sur les menus, pour la vente!'

4   Dyma'r testun gwreiddiol: 'Le 'père' de la loi 101, le docteur Camille Laurin, s'était donné pour mission à la fois de rassurer les francophones sur le statut et la pérennité du fait français au Québec, et de signifier clairement aux anglophones et allophones que le statut du français par rapport à celui de l'anglais était en train de changer dans la province. Grâce à sa grande visibilité et à son impact immédiat, la francisation du paysage linguistique symbolisa de façon tangible les nouveaux rapports de force entre le français et l'anglais au Québec.'

5   Dyma dermau a ddefnyddir yn Québec er mwyn cyfeirio, ar y naill law, at y gymuned o bobl sy'n meddu ar y Saesneg fel mamiaith (y gymuned *Anglophone*), ac ar y llaw arall, at y gymuned o bobl sy'n meddu ar iaith heblaw y Ffrangeg neu'r Saesneg fel mamiaith (y gymuned *Allophone*).

6   Mae'n bwysig nodi mai'r ffaith fod Mesur 101 yn galw am unieithrwydd mewn perthynas â gweithgareddau preifat a esgorodd ar yr honiad fod y polisi arwyddion yn cyfyngu ar ryddid mynegiant. Nid oedd neb yn awgrymu bod y cymalau yn y mesur a fynnai mai'r Ffrangeg yn unig a ddylai ymddangos ar arwyddion cyrff cyhoeddus yn meddu ar yr un goblygiadau, ac yn sgil hynny ni ddylid dehongli'r dadleuon a gyflwynir yng ngweddill y bennod hon fel rhai sy'n codi cwestiynau ynglŷn â dilysrwydd y defnydd o unieithrwydd gan sefydliadau o'r fath.

Llyfryddiaeth

Ackerman, B. (1980). *Social Justice in the Liberal State*. New Haven: Yale University Press.

Azurmendi, M.-J., Bachoc, E. and Zabaleta, F. (2001). 'Reversing Language Shift: The Case of Basque', yn Fishman, J. A. (gol.), *Can Threatened Languages be Saved?* Clevedon: Multilingual Maters, 235-59.

Bouchard, P. (2002). 'La langue du Travail: Une Situation qui Progresse, Mais Toujours Teintée d'une Certaine Précarité', yn Bouchard, P. a Bourhis, R. Y. (goln), *L'aménagement linguistique au Québec: 25 ans d'application de la Charte de la langue français*. Québec: Office québécois de la langue françasie, Publications du Québec, 85-104.

Bourhis, R. Y. (2001). 'Reversing Language Shift in Quebec', yn Fishman, J. A. (gol.), *Can Threatened Languages be Saved?* Clevedon: Multilingual Matters, 101-41.

Bourhis, R. Y. a Landry, R. (2002). 'La Loi 101 et l'Aménagement du Paysage Linguistique au Québec', yn Bouchard, P. a Bourhis, R. Y. (goln), *L'aménagement linguistique au Québec: 25 ans d'application de la Charte de la langue français*. Québec: Office québécois de la langue françasie, Publications du Québec, 107-31.

Chevrier, M. (1997). *Laws and Language in Québec: The Principles and Means of Québec's Language Policy*. Gouvernement du Quebec: Ministère des Relations Internationals.

Chevrier, M. (2003). 'A Language Policy for a Langaue in Exile', yn Larrivée, P. (gol.), *Linguistic Conflict and Language Laws: Understanding the Quebec Case*. London: Palgrave Macmillan, 118-61.

Costa, J. (2003). 'Catalan Linguistic Policy: Liberal or Illiberal?', *Nations and Nationalism*, 9 (3), 413-32.

Coulombe, P. A. (1995). *Language Rights in French Canada*. New York: Peter Lang.

De Varennes, F. (1994). 'Language and freedom of Expression in International Law' *Human Rights Quarterly*, 16 (1), 163-86

Dworkin, R. (1978). 'Liberalism', yn Hampshire, S. (gol.), *Public and Private Morality*. Cambridge: Cambridge University Press, 113-43.

Fishman, J. A. (1972). *The Sociology of Language: An Interdisciplinary Social Science Approach to Language in Society*. Rowley, Massachusetts: Newbury House.

Fishman, J. A. (1991). *Reversing Language Shift: Theoretical and Empirical Foundations of Assistance to Threatened Languages*. Clevedon: Multilingual Matters.

Government of Canada (1969). *Royal Commission of Bilingualism and Biculturalism, Vol 3. The Work World*. Ottawa: Queens Printer.

Le Gouvernement du Québec (1977a). *Quebec's Policy on the French Language*. Québec: Éditeur Officiel du Québec.

Le Gouvernement du Québec, (1977b) *La Chartre de la langue français*. Quebec: Editeur officiel du Québec.

Gutmann, A (1980). *Liberal Equality*. Cambridge: Cambridge University Press.

Kymlicka, W. (2002). *Contemporary Political Philosophy*. Oxford: Oxford University Press.

Laporte, P. E. (1984). 'Status Language Planning in Quebec: An Evaluation', yn Bourhis, R. Y. (gol.), *Conflict and Language Planning in Quebec*. Clevedon: Multilingual Matters, 53-80.

Larrivée, P. (2003). 'Anglophones and Allophones in Quebec', yn Larrivée, P. (gol.), *Linguistic Conflict and Language Laws: Understanding the Quebec Case*. London: Palgrave Macmillan, 163-87.

Levine, M. V. (1990). *The Reconquest of Montreal: Language Policy and Social Change in a Bilingual City*. Philadelphia: Temple University Press.

Lorrain, R. (1966). *La mort de mon joual*. Montréal: Éditions du jour.

May, S. (2001). *Language and Minority Rights: Ethnicity, Nationalism and the Politics of Language*. New York: Longman.

Rawls, J. (1971). *A Theory of Justice* (Oxford: Oxford University Press).

Stevenson, G. (1999). *Community Besieged: The Anglophone Minority and the Politics of Quebec*. Montreal: McGill-Queens University Press.

Supreme Court of Canada (1988). *Ford v Attorney General of Quebec*.

Tully, J. (1995). *Strange Multiplicity: Constitutionalism in the Age of Diversity*. Cambridge: Cambridge University Press.

Van Mill, D. (2012). 'Freedom of Speech', yn Zalta, E. (gol.) *The Stanford Encyclopaedia of Philosophy, Winter 2012*. Ar gael o: http://plato.stanford.edu/archives/win2012/entries/freedom-speech/ [Cyrchwyd: Rhagfyr 2014].

Van Parijs , P. (1995). *Real Freedom for All*. Oxford: Oxford University Press.

Williams, C. H. (2000). 'On Recognition, Resolution and Revitalization', yn Williams, C. H. (gol.), *Language Revitalization: Policy and Planning in Wales*. Cardiff: University of Wales Press, 1-47.

Woehrling, J. (2005). 'L'Evolution du carde juridique et conceptuel de la legislation linguistique du Québec', yn Stefanescu A. a Georgeault, P. (goln), *Le français au Québec: les nouveaux défis* (Montréal: Conseil supérieur de la langue française), 253-356.

Lladin, Ffrangeg a Saesneg: rhai cwestiynau moesegol am ieithoedd rhyngwladol Cymru

Carys Moseley

DEFNYDDIWYD TAIR IAITH RYNGWLADOL yng Nghymru drwy ei hanes: Lladin, yna Ffrangeg, yna Saesneg. Fel arfer dim ond y Saesneg sy'n cael sylw gan feddylwyr Cymraeg, ac fe geir tueddiad cryf i gyffredinoli am ieithoedd a dwyieithrwydd ar sail profiad Cymry Cymraeg heddiw o fedru Cymraeg a Saesneg. Mae yna gulni yn yr agwedd yma sy'n peri problemau difrifol ar gyfer deall lle Cymru yn y byd, a lle'r Gymraeg yn wyneb ieithoedd rhyngwladol.

Perthynas symbolaidd y Lladin a'r Gymraeg yn yr ugeinfed ganrif

A yw'n synhwyrol cymharu sefyllfa'r Gymraeg yn wyneb y Saesneg fel iaith ryngwladol â'i sefyllfa yn wyneb y Lladin fel iaith ryngwladol yn y gorffennol? A allwn ddysgu gwersi moesol am y berthynas rhwng ieithoedd rhyngwladol ac ieithoedd brodorol a lleiafrifol drwy archwilio'r gymhariaeth hon?

Un o gefnogwyr pennaf y Lladin ymhlith Cymry Cymraeg yn y cyfnod modern oedd Saunders Lewis, dyn a gafodd addysg Glasurol ac a gyfieithodd farddoniaeth o'r Lladin i'r Gymraeg, ac a gefnogodd y defnydd o Ladin yn yr Offeren Gatholig yn groes i benderfyniad Ail Gyngor y Fatican (1962–65) i ffafrio mamieithoedd.[1] Credai Lewis fod hepgor y Lladin wedi arwain at waethygu drwgdeimlad y Cymry di-Gymraeg a mewnfudwyr di-Gymraeg tuag at y Cymry

Cymraeg, gan fod eglwysi Catholig yng Nghymru bellach yn gorfod darparu addoliad yn y Saesneg a'r Gymraeg. I Lewis, felly, ymddangosai'r Lladin fel iaith niwtral ar lefel foesol a gwleidyddol. Mae'n berthnasol hefyd yn y cyswllt hwn mai yn 1962, blwyddyn agor Ail Gyngor y Fatican, y traddododd Saunders Lewis ei ddarlith enwog 'Tynged yr Iaith' ar y BBC, a arweiniodd at ffurfio Cymdeithas yr Iaith Gymraeg fel carfan bwyso er mwyn ymgyrchu dros hawliau ar gyfer defnyddio'r Gymraeg ac felly ei diogelu rhag marw. O ran y Lladin dylid dweud hefyd y bu Saunders Lewis yn feirniadol iawn o'r hyn a welai fel tuedd i orbwysleisio pynciau gwyddonol a thechnegol mewn addysg uwchradd yn ysgolion Cymru a Lloegr ym mholisïau addysg llywodraeth Lafur Clement Attlee wedi 1945. Honnai fod addysg wedi mynd yn ormodol i'r cyfeiriad o wasanaethu diwydiant.[2] Ynghlwm wrth hyn yn ddiau oedd consýrn am ddirywiad dysgu Lladin mewn ysgolion gramadeg, ac felly am ddirywiad dysgu pynciau 'diddefnydd' fel llenyddiaeth glasurol ag yn hen hanes. Gan mor ganolog yw Saunders Lewis yn hanes cymdeithasol y Gymraeg yn ogystal a hanes Clasura yn Gymraeg, priodol yw mynd ati i ateb y ddau gwestiwn ar frig y papur hwn drwy archwilio a oedd Lewis yn gywir a'i peidio wrth arddel yr agweddau a hynny.

Cyn dechrau, rhaid sylweddoli bod Lewis wedi cael ei gyda â W. J. Gruffydd a hefyd â O. M. Edwards a Syr John Morris Jones. Mae'n sicr yn bosib dangos fod agweddau gwahanol y pedwar ohonynt at y Gymraeg yn cyd-fynd ag agweddau penodol at y Lladin a'r Saesneg. Fel y gwelsom, edrychai Saunders Lewis yn ôl at y Canol Oesoedd hwyr er mwyn cloriannu diwylliant a gwareiddiad Cymru. Lladin oedd yr iaith broffesiynol ryngwladol ledled gorllewin Ewrop bryd hynny.

Ystyriai Syr John Morris-Jones y dull gramadegol o ddysgu Lladin fel y delfryd ar gyfer dysgu Cymraeg yn yr ysgolion.[3] Cwbl groes i agwedd John Morris-Jones oedd un O. M. Edwards. Roedd ef am i ddisgyblion gael ysgrifennu yn eu tafodieithoedd Cymraeg yn hytrach na theimlo cywilydd yn eu cylch o achos agweddau athrawon. Ffafriai gyflwyno mwy o ymarferion ysgrifennu creadigol mewn arholiadau Cymraeg a Saesneg, ac felly lleihau tipyn ar ddysgu gramadeg ar batrwm dysgu Lladin.[4] Barn pobl fel O. M. Edwards a enillodd y dydd yn y dadleuon ynghylch sut i ddysgu Saesneg yng Nghyd-bwyllgor Addysg Cymru yn yr 1960au.[5] Daeth y safbwynt o ddysgu llai o ramadeg yn fwyfwy eithafol fesul tipyn a dylanwadodd yn gryf ar ddulliau dysgu Cymraeg iaith gyntaf hefyd. Erbyn yr 1980au cwynai ambell arholwr CBAC am ddirywiad yn safon Cymraeg ymgeiswyr arholiadau iaith gyntaf.[6]

W. J. Gruffydd oedd yr athro cyntaf i ddarlithio ar lenyddiaeth Gymraeg drwy'r Gymraeg ym Mhrifysgol Cymru, yng Ngholeg y Brifysgol yng Nghaerdydd. Fel ymneilltuwr o dueddiad diwinyddol rhyddfrydol, roedd yn tynnu'n groes i ddaliadau crefyddol a gwleidyddol Saunders Lewis. Cyferbynai hefyd gydag agwedd John Morris-Jones, a fynnai ddarlithio am lenyddiaeth a gramadeg y Gymraeg drwy gyfrwng y Saesneg ym Mangor, ac a hyfforddai ei fyfyrwyr i ysgrifennu papurau academaidd yn Saesneg, am mai Saesneg oedd iaith ryngwladol broffesiynol addysg uwch erbyn hynny.[7]

Agweddau poblogeiddiol O. M. Edwards sydd wedi dod i dra-arglwyddiaethu ar y Gymru gyfoes. Cofleidiodd y wladwriaeth Brydeinig adeg y Rhyfel Byd Cyntaf, ac mae'n amlwg y derbyniai'r Saesneg fel iaith ryngwladol. Pan ystyriwn Syr John Morris-Jones, rhaid cyfaddef ei fod yn unochrog braidd i wfftio tafodieithoedd y Gymraeg yn llwyr. Yn hyn o beth dilynai'r traddodiad dyneiddiol, a oedd am ddelweddu'r Gymraeg ar y Lladin.[8] Mae gwaith diweddarach Peter Wyn Thomas ar ramadeg y Gymraeg wedi cydbwyso rhwng yr iaith safonol a thafodieithoedd, a hynny o fwriad yn erbyn agwedd Syr John Morris-Jones a'i olynwyr.[9]

Ar y lefel academaidd o ffafrio Lladin fel delfryd ar gyfer y Gymraeg, ac ar lefel gymdeithasol o ffafrio naill ai elitau neu 'werinwyr', mae'n amlwg fod Syr John Morris-Jones a Saunders Lewis yn perthyn gyda'i gilydd, tra bod O. M. Edwards a

W. J. Gruffydd yn agosáu at ei gilydd. Er hynny, ni welwn ymgais ddifrifol gan Lewis i ymateb i'r ffaith fod Morris-Jones yn ffafrio'r Saesneg fel iaith broffesiynol. Mae hyn yn rhyfedd oherwydd cymryd lle'r Lladin wnaeth y Saesneg yn hyn o beth, nid cymryd lle'r Gymraeg. Fel arweinydd cyntaf Plaid Cymru, dyheai Saunders Lewis am weld Cymru'n troi'n ôl i fod yn wlad uniaith Gymraeg.[10] Ymddengys na roddodd ystyriaeth ddifrifol i ieithoedd rhyngwladol. Efallai am nad ymgyrchai'n eglur dros annibyniaeth i Gymru, ni feddyliodd am y ffaith y byddai angen meithrin agweddau a pholisïau penodol ynghylch y defnydd o ieithoedd eraill mewn cysylltiadau rhyngwladol pe bai Cymru'n dod yn annibynnol. Er ei holl rethreg, braidd yn symbolaidd oedd agwedd Saunders Lewis at y Lladin fel iaith 'niwtral', led-ryngwladol.

Mae lle felly i ailfeddwl lle'r Lladin fel iaith ryngwladol ac i fynd ymhellach na Saunders Lewis. Er mwyn gwneud hyn, rhaid cael golwg ar hanes y Lladin fel iaith ryngwladol ac ystyried sut y'i disodlwyd gan y Saesneg. Cofier mai dyma'r cyswllt rhyngwladol ar gyfer Brad y Llyfrau Gleision, digwyddiad y bu llu o rai iddo ymhlith lleiafrifoedd brodorol ledled y Cyfandir a hyd yn oed ymhellach yn ystod y bedwaredd ganrif ar bymtheg.

Sut y disodlwyd y Lladin gan y Saesneg fel iaith ryngwladol?

Ymsefydlodd y Lladin a'r Saesneg mewn amryw beuoedd cyhoeddus, fel y gyfraith, gweinyddu, trefn filwrol, gwleidyddiaeth, diplomyddiaeth ac addysg. Wedi dweud hyn, Groeg oedd iaith swyddogol meddygaeth a gwyddoniaeth ledled yr Ymerodraeth Rufeinig, a defnyddid hi mewn addysg hefyd yn y gorllewin. Ysgrifennai rhai o ddiwinyddion gorllewin yr ymerodraeth mewn Groeg, yn hytrach na Lladin, efallai er mwyn cyfathrebu â'u cyfoedion mwy niferus yn y dwyrain, ac am y defnyddient gynifer o dermau a chysyniadau o athroniaeth Roegaidd.

Er hynny, ni threiddiodd y Lladin cyn belled â'r Saesneg yn gymdeithasol yng Nghymru. Caniatâi'r Rhufeiniaid i bobloedd brodorol ddefnyddio'u cyfreithiau eu hunain mewn materion cartref.[11] Nid oedd y mwyafrif o drigolion yr ymerodraeth yn derbyn addysg, ac nid oedd hawl gan y mwyafrif i arddel dinasyddiaeth Rufeinig, felly ychydig o Ladin a siaredid ganddynt i raddau. Tra gwahanol fu hanes y Saesneg yng ngwledydd Prydain, oherwydd hi fu cyfrwng addysg wladol orfodol er 1870, a chyn hynny unig gyfrwng y gyfraith ers tipyn. Yn fwy na hyn, hi fu prif gyfrwng y cyfryngau torfol, rhywbeth na fodolai yn yr Ymerodraeth Rufeinig. Hi hefyd fu prif gyfrwng meysydd newydd gwyddoniaeth a thechnoleg. Ni chyhoeddwyd llyfr gwyddonol Lladin yn Lloegr ar ôl *Principia Mathematica* Isaac Newton yn 1687. Lloegr oedd y wlad gyntaf i beidio â chyhoeddi gweithiau gwyddonol yn Lladin.

Ni chymerodd y Saesneg le'r Lladin fel iaith ryngwladol dros nos. Ciliodd y Lladin o nifer o beuoedd ym Mhrydain yn raddol yn y cyfnod modern cynnar, gan ildio i'r Saesneg. Yn y ddeunawfed ganrif, daeth y Ffrangeg yn iaith diplomyddiaeth yn Ewrop.

Rhaid cymryd cam yn ôl yma a gofyn sut y goroesodd Lladin er i'r Ymerodraeth Rufeinig gwympo yn y gorllewin yn 476 OC i'r Ostrogothiaid. Yr ateb yw fod Lladin eisoes wedi dod yn famiaith i drigolion y Cyfandir.[12] Erbyn diwedd y bumed ganrif OC roedd Groeg yn dod yn iaith estron i'r tô addysgiedig a arferasai ei defnyddio, wrth i'r hollt rhwng dwy ran yr ymerodraeth ddyfnhau. Ar yr un pryd, nid oedd y barbariaid a ymosodasai o'r tu allan wedi cymryd diddordeb mewn Groeg. Yn groes i'r rhelyw o haneswyr iaith, credaf mai'r ffaith iddynt hwy gipio'r ardaloedd Galo-Rufeinig, yr hen ardaloedd Celtaidd, oedd mewn gwirionedd yn gyfrifol am dranc Groeg fel iaith addysgedig yn y gorllewin.

Penododd y Pab Damatus y diwinydd Jerôm, a ddeuai o Pannonia (Hwngari heddiw), i gyfieithu'r Beibl o'r Hebraeg a'r Roeg i Ladin cyfoes ei ddydd, ac felly rhagori ar y llu o gyfieithiadau cynharach a elwir bellach gan ysgolheigion yn *Vetus Latina* (yr Hen Ladin).

Daeth Lladin yn arwydd o hunaniaeth Gristnogol ac o ymlyniad wrth uniongrededd Cynghorau Nicaea, Caergystennin (381 OC), Effesus a Chalcedon, sef y pedwar cyngor mawr eglwysig y mae eglwysi Cristnogol ym mhobman wedi eu derbyn fel safonwyr diwinyddiaeth ers hynny.

Ariaid oedd y Gothiaid ers i Ulfilas, cyfieithydd y Beibl i Gotheg, ganiatáu iddynt simsanu'n ddiwinyddol. Parodd Cristnogaeth, gyda'i syniadau am fudd cyfieithu'r Beibl i famieithoedd er mwyn cyrraedd pobl gyffredin, i Ladin newid yn raddol, i'w chystrawen dynhau a'i gramadeg gael ei symleiddio (yn bennaf drwy ollwng nifer o derfyniadau enwau, ansoddeiriau a berfau), nes troi'n raddol ar droad y mileniwm cyntaf i'r ieithoedd Romáwns. Iaith broffesiynol y prifysgolion cynharaf, gan ddechrau gyda Bologna yn yr Eidal yn y ddeuddegfed ganrif, oedd Lladin. Am ganrifoedd wedyn, Lladin felly oedd iaith athroniaeth, diwinyddiaeth, gwyddoniaeth, mathemateg, ieithyddiaeth, meddygaeth, a.y.b. Pe bai Cymru wedi cael dwy brifysgol yn y bymthegfed ganrif fel y dymunai Owain Glyndŵr, Lladin fyddai cyfrwng dysg. Ar waethaf twf mamieithoedd y cenhedloedd ymerodraethol yng nghyfnod y Dadeni a'r Diwygiadau Protestannaidd a Chatholig, parhawyd i ddefnyddio Lladin mewn gwleidyddiaeth a diplomyddiaeth tan ganol y ddeunawfed ganrif. Dengys Archifau Gwladol Prydain fod cofnodion gweinyddol swyddogol Lloegr o 1066 hyd 1733 (ac felly Cymru o'r Deddfau Uno tan 1733) i gyd yn Lladin.[13] Lladin oedd yr iaith a siaradai'r Prif Weinidog cyntaf, Robert Walpole â'r brenin Siôr I am fod hwnnw'n Almaenwr na fedrai'r Saesneg. Daeth y Seisnigo'n gynharach yn yr Alban wedi 1707, wrth iddi ddiosg y Sgoteg a fu'r iaith swyddogol er troad y bymthegfed ganrif.[14] Dyna pam mai Saesneg yn unig oedd cyfrwng athroniaeth yr Ymoleuad Albanaidd, er taw bratiog oedd Saesneg llafar David Hume, a Sgoteg oedd ei famiaith.

Cytunaf yn llwyr â Jürgen Leonhardt pan ddywed mai'r agwedd fwyaf syfrdanol ar y newid yn hynt y Lladin rhwng 1750 ac 1850 oedd ei bod ar waethaf y dirywiad yn ei statws fel iaith broffesiynol

gyfoes, yn parhau i gael ei dysgu mewn ysgolion.[15] Yn wir, daeth
Lladin yn bwnc ysgol mwy cyffredin er iddi golli defnyddioldeb
ymarferol. Dechreuwyd dysgu Lladin lle bynnag y gwerthfawrogid
y traddodiad dyneiddiol. Er i'r defnydd o'r Lladin yn y gwyddorau
ddirywio drwy gydol y bedwaredd ganrif ar bymtheg, parhaodd
yr angen amdani er mwyn darllen llenyddiaeth wyddonol hyd at
yr ugeinfed ganrif. Pwysleisia Leonhardt y newid a ddaeth gyda'r
mudiad neo-ddyneiddiol ym Mhrwsia, dan ddylanwad Wilhelm
von Humboldt a Friedrich August Wolf (sylfaenydd yr 'Ymholiad
Homeraidd'). Addysg ieithyddol oedd yr allwedd i ddatblygu'r
person cyfan, a'r ieithoedd hynafol oedd y delfryd yma. Mudiad
seciwlar oedd hwn, yn gwrthryfela yn erbyn y traddodiad Cristnogol
addysgol o'r eglwysi sefydledig. Af ymhellach a dweud ei fod yn
cyfateb yn amlwg i'r mudiad newydd o feirniadaeth ffynonellol
o'r Hen Destament a'r Testament Newydd, a'i fod yn gosod
ffilolegwyr cymharol, gyda damcaniaethau y gellir eu hystyried
yn lled-gabalistaidd, yn lle diwinyddion uniongred. Ffilolegwyr
clasurol oedd prifathrawon ysgolion yn yr Almaen yn aml wedi
hyn. Diwylliant clasurol Groeg oedd delfryd y neo-ddyneiddwyr.
Gwelwn yr un agwedd yn union ym Mhrydain yr adeg yma, wedi
ei hamlygu yng ngwaith a bywyd yr Arglwydd Byron, Keats a
Shelley a hefyd Thomas Arnold.

Nid oedd gan y neo-ddyneiddwyr unrhyw ddiddordeb
mewn Lladin na Groeg Hynafol fel ieithoedd proffesiynol
cyfoes. Anghytunaf â Leonhardt fod neo-ddyneiddiaeth yn yr
Almaen yn fudiad addysgol pur tra'i fod yn ymerodraethol ym
Mhrydain, Ffrainc a'r Unol Daleithiau. Dengys y gymhariaeth â
beirniadaeth ffynonellol yr Hen Destament, sydd ym marn rhai
yn wrth-Semitaidd, mai cenedlaetholdeb Almaenig yn ystyr eang,
diwylliannol y term, fu'n sbardun.[16] Sylwer hefyd fod Leonhardt
wedi osgoi beirniadu F. A. Wolf, dyn a wnaeth niwed enfawr
i astudiaethau llenyddiaeth Roegaidd drwy ddyfeisio'r syniad o
feirniadaeth ffynonellol o gerddi Homer a gwadu bod yna awdur
o'r enw Homer wedi bodoli. Dyma ddiberfeddu a dinistrio awdur

mwyaf a chynharaf Gwlad Groeg, ac felly awdur cynharaf Ewrop, yr un pryd â diberfeddu Moses fel awdur cynharaf y Beibl, er mwyn mawrygu deallusion Prwsia. Yn y pen draw, dibynnai Wolf ar ysgolheigion rhyddfrydol Seisnig am ei agwedd at Homer, fel y dibynnai'r beirniaid Hen Destament yn rhannol ar anffyddwyr a deistiaid Seisnig (gan y rhannent hoffter o'r traddodiad cabalistaidd o Iddewiaeth). O Loegr, felly, y deuai'r tueddfryd ymerodraethol a fynnai ddisodli'r Lladin gan famiaith fyw Ellmynig. Er hynny, mae'n bwysig nodi'r berthynas symbolaidd ryfedd a fodolai rhwng Lladin, Groeg Hynafol a Saesneg o 1800 hyd yr 1960au.

Dysgu Lladin er mwyn diogelu hanes pobl frodorol

Mae yna elfen fawr o ddallineb a hunan-dwyll ar ran Clasurwyr Saesneg sy'n parhau i hybu Lladin mewn ysgolion (preifat gan amlaf), oherwydd â Lladin Clasurol y Rhufeiniaid yn unig maen nhw'n ymwneud mewn gwirionedd. Dim ond Lladin Clasurol sydd erioed wedi bod ar gwricwlwm y byrddau arholi er Oes Fictoria. Nid oes lle wedi ei neilltuo erioed i Ladin y Canol Oesoedd na Neo-Ladin o gyfnod y Dadeni hyd heddiw. Y rheswm yw y lluniwyd Clasuron fel maes academaidd newydd wedi 1800 yn y prifysgolion newydd yn yr Almaen dan arweinyddiaeth Wilhelm von Humboldt, ac yna yn Rhydychen.[17] Dim ond awduron Clasurol paganaidd Lladin a Groeg a gâi eu dysgu; diarddelwyd awduron ôl-Glasurol o bob math. Iaith farw oedd Lladin o hyn ymlaen, i'w dysgu er mwyn gloywi Saesneg, iaith yr Ymerodraeth Brydeinig. Rhaid cyfadded bod yna wirionedd yn honiad athrawon Lladin ysgolion uwchradd fod dysgu Lladin yn gloywi Saesneg disgyblion, ond digwydd hynny yn fwy ar lefel geirfa ac idiomau elitaidd nag ar lefel gramadeg a chystrawen.[18] Mae oddeutu 8,000 o eiriau yn y Saesneg yn deillio o'r Lladin neu o Roeg, ac mae'n wir fod dysgu'r eirfa hon fel arfer wedi galluogi pobl i wella'u gallu i ddysgu geirfa dechnegol o bob math ac i ddysgu ymadroddion Saesneg safonol Lloegr. Nid oes dwywaith amdani fod canon 'clasurol' llenyddiaeth Saesneg yn dibynnu'n helaeth ar afael ryngdestunol gadarn iawn o lenyddiaeth Ladin a Groeg, i raddau llawer mwy nag y mae llenyddiaeth Gymraeg.[19]

Yn wyneb y fath sefyllfa, does ryfedd i Ladin fod yn amhoblogaidd ymhlith rhai Cymry Cymraeg, er rhaid dweud nad ydw i wedi dod ar draws yr un lefel o gasineb at yr iaith fel pwnc ysgol yn eu plith hwy ag ymhlith y di-Gymraeg a Saeson.[20] I'r gwrthwyneb, yn eithaf aml mae yna ganfyddiad mai iaith yn ymwneud â'n hanes ni yw'r Lladin, ac o dan yr wyneb mae rhyw fath o siom gan bobl na chawsent gyfle i'w dysgu.

Erbyn heddiw arbenigedd academaidd yw Lladin, a dim ond un bwrdd arholi yn Lloegr ac un yn yr Alban sy'n cynnig y pwnc i ddisgyblion ysgol uwchradd. Does dim ysgolion Cymraeg yn ei dysgu rhagor am nad oes awydd gan brifathrawon i gyflogi athrawon ar gyfer pwnc prin, lleiafrifol. Mae hyn yn arbennig o wir yn wyneb cwricwlwm TGAU a orlwythir gan bynciau, ac sydd wedi ei anelu'n rhy gul at fod yn ddefnyddiol mewn ffordd lesyddol. O ganlyniad, os yw pobl a fynychodd ysgolion Cymraeg am ddysgu Lladin, rhaid iddynt naill ai chwilio am diwtor preifat neu obeithio dod o hyd i wersi allanol yn y brifysgol. Hyd yn oed wedyn, does neb yn cael eu cyflogi ar hyn o bryd i ddysgu Lladin drwy'r Gymraeg mewn addysg uwch yng Nghymru. Sefyllfa yw hon na ellir ei goddef na'i chymeradwyo yn hir iawn, oherwydd pwysigrwydd digamsyniol Lladin yn hanes Cymru ac Ewrop. Yn syml iawn, os na ddysgir Lladin ni fydd cenedlaethau i ddod yn gallu datgloi meysydd newydd yn hanes ein cenedl a'n cyfandir. Dyma'n union bryder y Prifathro Jürgen Leonhardt o Brifysgol Tübingen am sefyllfa Lladin mewn ysgolion a phrifysgolion ledled Ewrop: 'Mae ein gallu i archwilio, dadansoddi a chloriannu ein gorffennol yn y fantol.'

Lladin yw'r iaith â nifer uchaf o ddogfennau a llawysgrifau hanesyddol heb eu darllen gan ysgolheigion yn Ewrop heddiw. Rydym ni'n sôn am filoedd ar filoedd o ddogfennau, mwy na 10,000, ac mewn gwirionedd does neb wedi ceisio gwneud catalog cyflawn ohonynt am fod gormod ar gael. Mae yna lawer mwy o destunau Lladin o'r Canol Oesoedd a'r cyfnod modern cynnar nag o'r cyfnod Rhufeinig, a'r mwyafrif heb eu copïo o'r llawysgrifau heb sôn am eu cyfieithu.[21] Mae hyn yn ganlyniad i'r faith mai Lladin oedd prif iaith swyddogol gwledydd gorllewin Ewrop o ddyddiau'r Ymerodraeth Rhufeinig tan y ddeunawfed ganrif. Golyga hyn mai Lladin yw'r iaith bwysicaf y mae angen ei dysgu er mwyn archwilio hanes Ewrop a hanes y disgyblaethau a'r meysydd proffesiynol dros y canrifoedd. Yn ogystal, defnyddiwyd hi fel iaith swyddogol, broffesiynol mewn nifer o drefedigaethau Ewropeaidd o'r bymthegfed ganrif ymlaen, yn enwedig mewn trefedigaethau a sefydlwyd gan wladwriaethau Catholig. Wedi dweud hyn, mae corff pwysig o lenyddiaeth wedi gorocsi o'r cyfnod modern cynnar sy'n dangos bod nifer o'r bobl frodorol yn America Ladin, er enghraifft, a ddysgodd Ladin yn yr ysgolion cenhadol newydd, wedi dewis defnyddio'r iaith honno yn hytrach nag iaith genedlaethol yr ymerodraethwyr (Sbaeneg yn y cyswllt hwn) er mwyn ysgrifennu am ei bod yn iaith ryngwladol ac felly'n weddol niwtral.[22] Mae angen dysgu Lladin er mwyn gallu gwneud ymchwil i hanes pobl frodorol tu allan i Ewrop, felly.

Try hyn oll y dadleuon arferol o blaid dysgu Lladin mewn ysgolion ar eu pen yn llwyr. Bu'r hen ddadleuon yn gyfan gwbl Seisnig, ac yn amlach na pheidio, roeddent yn adleisio dyhead rhieni i'w plant loywi eu Saesneg, yn hytrach nag yn fynegiant o unrhyw ddealltwriaeth o'r gwir reswm am safle Lladin yn y cwricwlwm fel y bu, a'r ffordd yr ataliwyd cyfle i'w dysgu fel iaith ein hanes a'n diwylliant.

Lladin fel iaith ryngwladol heddiw

Efallai fod dysgu Lladin fel iaith ymchwil yn dderbyniol, ond beth am gynnig Lladin fel iaith ryngwladol broffesiynol gyfoes? Mae'n siŵr na chlywsoch erioed y fath beth! Ac eto, dyma'r cam rhesymegol i'w gymryd os ydym o ddifrif ar drywydd syniadau

Saunders Lewis a J. E. Daniel ac am wrthod ymgrymu i'r Saesneg. Fel rheol, ar gyfandir Ewrop y ceir cefnogwyr Lladin fel iaith ryngwladol broffesiynol, ond amrywia'r cymhellion dros arddel y safbwynt o wlad i wlad. Ceir y cefnogwyr mwyaf o blith y sawl sydd am wrthod totalitariaeth wleidyddol a diwylliannol pa un ai o du Saesneg, Ffrangeg, Almaeneg neu Rwsieg.

Pam fod Clasurwyr yn erbyn defnyddio Lladin fel iaith ryngwladol heddiw? Yr ateb yw eu bod wedi eu llygru gan genedlaetholdeb siofinaidd o'r math a arddelai Thomas a Matthew Arnold yn Oes Fictoria. Wele Mary Beard, un o'm cyn-ddarlithwyr o'r brifysgol, yn lladd ar ysgrifennu ar gyfer Wicipedia Lladin. Diddorol yw'r ymateb hwn, a hithau'n Saesnes o berfeddion y sefydliad Seisnig sydd wedi treulio'i gyrfa yn ceisio gwneud maes y Clasuron (Lladin cyfnod y Rhufeiniaid a Hen Roeg y cyfnod Clasurol a Helenistaidd) yn ffasiynol ac yn atyniadol i bobl ifanc yn y cyfryngau.[23] Ceisiodd Clasurwyr fod yn warcheidwaid Lladin a'i chadw'n iaith farw. Maen nhw'n lobïo drwy'r cyfryngau ceidwadol; fe'u gwelwch yn aml ym mhapurau'r *Telegraph* a'r *Times*, ond ni wna bron neb fynegi'r gwir resymau pam fod angen dysgu Lladin heddiw. Does gan Glasurwyr fel rheol ddim diddordeb yn y Canol Oesoedd na gwybodaeth am y cyfnod hwnnw. Diddordeb lleiafrifol ymhlith rhai hen haneswyr ac ieithyddion yw perthynas Lladin Rhufeinig a'r Rhufeiniaid â'r bobl frodorol a orchfygwyd ganddynt.

Gellir naill ai ystyried Lladin fel iaith gyfoes drwy edrych ar ei pheuoedd, neu ystyried ym mha wledydd y'i coleddir. Byddai nifer fawr o bobl yn dweud ei bod hi'n rhy hwyr bellach i hybu Lladin fel iaith ryngwladol unwaith eto, am iddi beidio â bod ers bron dwy ganrif, ac am nad yw hi'n famiaith i neb. Dyw'r ail reswm ddim yn cyfrif – peidiodd Lladin â bod yn famiaith ganrifoedd cyn iddi beidio â bod yn iaith ryngwladol. Mae'r ffaith nad yw hi'n famiaith i neb yn rheswm ardderchog dros ei mabwysiadu fel iaith ryngwladol i'r Undeb Ewropeaidd. Mae'n bwysig hefyd sylweddoli na newidiodd gramadeg na chystrawen y Lladin ers canrifoedd maith, oedd yn parhau yn iaith broffesiynol. Yn wir, y diffyg newid yma a'i gwnâi mor addas fel iaith broffesiynol. Nid oedd yna dafodiaith na fersiwn 'slang' o'r Lladin a dderbynid yn broffesiynol. Golygai hyn y gallai pobl gyfathrebu'n eglur. Un o'r problemau mawr gydag ieithoedd rhyngwladol cyfoes yw eu hanffurfioldeb; yn achos y Saesneg yn enwedig, atega hyn y ffaith ei bod hi'n anos dysgu iaith ddadansoddiadol fel ail iaith. Mae'n bwysig dros ben sylweddoli ei bod yn llawer anos dysgu ieithoedd eraill o'r Saesneg nag o ieithoedd eraill, am fod y Saesneg mor ddadansoddiadol. Mewn gair, mae tyfu i fyny yn uniaith Saesneg yn debygol o'i gwneud hi'n anos i rywun ddysgu ieithoedd yn dda am resymau ieithyddol, nid yn unig rhai cymdeithasol (sef mai Saesneg yw'r brif iaith ryngwladol heddiw).

Rhoddwyd sylw uchod i fater peuoedd y Lladin o'u cymharu â pheuoedd y Saesneg. Dyma'r allwedd er mwyn penderfynu beth fyddai'n fuddiol o ran ymarfer Lladin heddiw. Barn Jürgen Leonhardt yw fod angen i Ladinwyr proffesiynol siarad Lladin ymhlith ei gilydd er mwyn bod yn rhugl yn yr iaith.[24] Y rheswm am hyn yw fod angen mwy o academwyr sy'n rhugl yn y Lladin er mwyn darllen, copïo, golygu a chyfieithu'r miloedd ar filoedd o destunau o gyfnod y Canol Oesoedd, y Dadeni a hwyrach hyd at 1900, sef y mwyafrif llethol o'r testunau Lladin a ysgrifennwyd erioed. Dyma etifeddiaeth ddiwylliannol Ewrop. Os collir Lladin o'r prifysgolion fel y collwyd hi eisoes o'r ysgolion cyfun, ac felly'r ysgolion Cymraeg, collir ein hetifeddiaeth, a bydd rhaid dibynnu ar bobl o'r tu allan i'w hastudio.[25] Felly ym maes ymchwil prifysgol, argymhella Leonhardt fod academwyr sy'n ymwneud â thestunau Lladin yn dysgu ysgrifennu a siarad yr iaith ymhlith ei gilydd, er mwyn dod yr un mor rhugl ag awduron y testunau a ddarllenant. Pan gymharwn hyn â'r disgwyliad cwbl normal mai dyma lefel gallu darlithwyr ac athrawon ieithoedd modern, daw'n eglur pa mor annerbyniol i'r sefydliad diwylliannol Seisnig/Prydeinig/Almaenig yw diosg yr arfer oesol o ddysgu Lladin fel iaith fyw broffesiynol wedi 1800.

Beth am beuoedd eraill? Oes rhesymau da dros ddefnyddio Lladin ynddynt? Lladin oedd iaith wreiddiol y gwyddorau natur yng ngorllewin Ewrop. Lladin oedd iaith adroddiadau am arbrofion gwyddonol, yn ogystal ag iaith damcaniaethau gwyddonol. Er enghraifft, ysgrifennai Nicolaus Copernicus, Andreas Vesalius, Galileo Galilei a Christiaan Huygens, ac enwi ond yr enwocaf o wyddonwyr y Dadeni, yn Lladin. Y Saeson ddechreuodd dorri i ffwrdd o'r Lladin. Yn Saesneg y cyhoeddodd yr adaregydd John Ray ei waith yn 1691, ac yn Saesneg y cyhoeddodd yr Anglicaniaid eu cyfrolau ar ddiwinyddiaeth natur, a fu'n sylfaen i wyddoniaeth natur tan Charles Darwin.[26] Cymharer hyn â pharodrwydd Edward Lhuyd yn yr un cyfnod i ysgrifennu yn Lladin.[27] Gellir dweud felly i'r Saeson ymwrthod â'r Lladin fel iaith wyddonol adeg creu'r Deyrnas Gyfunol pan unwyd y seneddau Seisnig ac Albanaidd yn 1707. Rai blynyddoedd cyn hynny cyflwynwyd Deddf Olyniaeth 1701, a oedd yn gwahardd unigolyn Catholig rhag etifeddu coron Lloegr.

Nid tra-arglwyddiaethu ar wledydd eraill oedd bwriad Carl Linnaeus a'r gwyddonwyr o wledydd Llychlyn wrth annog defnyddio'r iaith Ladin mewn gwyddoniaeth, ond cael iaith niwtral, nad oedd yn famiaith i unrhyw wlad erbyn hynny, ac nad oedd felly'n medru cynrychioli unrhyw ymerodraeth.[28] Roedd gan Lychlynwyr resymau digon parod am feithrin yr agwedd hon, sef eu bod yn gweld twf Rwsia, Ffrainc, Prydain a'r Ymerodraeth Awstro-Hwngaraidd, ac yn anfodlon plygu i ddefnyddio'u hieithoedd hwy. Sylweddolai Linnaeus na fyddai tramorwyr yn trafferthu i ddysgu Swedeg er mwyn darllen ei waith. Parhaodd gwyddonwyr gwledydd Llychlyn i gyhoeddi papurau yn Lladin hyd at ddiwedd y bedwaredd ganrif ar bymtheg.

Yn yr ugeinfed ganrif daeth gwyddoniaeth yn faes proffesiynol, a thyfodd addysg uwch, yn enwedig wedi'r Ail Ryfel Byd. Am ddegawdau, caed cyhoeddiadau mewn cyfnodolion mewn amryw ieithoedd gan gynnwys Saesneg, Almaeneg, Ffrangeg, Rwsieg a Siapanaeg. Dirywiodd statws Almaeneg wedi 1945, ond dirywiodd statws pob iaith ar wahân i'r Saesneg wedi diwedd y Rhyfel Oer yn 1989.[29] Yn amlwg, statws Unol Daleithiau America fel *superpower* sy'n gyfrifol am dwf statws y Saesneg a'i dyrchafiad i fod yn iaith fyd-eang. Yn amlwg, mae'r UDA wedi disoddi'r hen Ymerodraeth Brydeinig ar lefel ryngwladol. Gynt, yr Ymerodraeth Brydeinig oedd yr ymerodraeth fwyaf a welodd y byd erioed, ac felly ymestynnodd y Saesneg yn bellach na'r Lladin fel iaith broffesiynol o ddiwedd y ddeunawfed ganrif ymlaen.

Felly ym mha beuoedd y gellir defnyddio Lladin heddiw? Y gyntaf, yn amlwg, yw Botaneg. Mae yna nifer o fotanegwyr o wahanol wledydd sy'n anfodlon iawn ynghylch y penderfyniad a wnaed yn 2011 i hepgor y rheol fod yn rhaid ysgrifennu disgrifiad o blanhigyn newydd yn Lladin, gan roi hawl i ddefnyddio'r Saesneg hefyd. Mae ymgyrch ar droed i newid y rheol yn ôl i ganiâtau'r Lladin yn unig yn 2017.[30] Baswn i'n cefnogi'r ymgyrch hon yn gryf, ac yn annog Cymry Cymraeg sy'n gysylltiedig â'r gwyddorau i'w chefnogi. Yr ail yw Meddygaeth. Dysgir Lladin mewn nifer o ysgolion meddygol ar y Cyfandir. Mater o eirfa Lladin a Groeg a geir yma yn hytrach na dysgu gramadeg.

Y drydedd bau lle gellir hybu Lladin fel iaith fyw yw ysgrifennu ar gyfer y rhyngrwyd. Er enghraifft, cyfieithir rhai erthyglau Cymraeg ar Wicipedia i'r Lladin ar gyfer *Vicipaedia Latina*. Mae nifer fawr o bobl yn darllen *Vicipaedia* Lladin, ac mae rheswm da dros y cyfieithu. Y rheswm yw fod unrhyw iaith a ddarllenir gan bobl nad ydynt yn medru'r Gymraeg yn gyfrwng addas ar gyfer cyfathrebu am Gymru. Fel y gŵyr unrhyw ddarllenydd profiadol o Wicipedia, mae'r nifer o ieithoedd sy'n meddu ar gyfieithiad o erthyglau o'r Gymraeg, dyweder, yn amrywio'n fawr o erthygl i erthygl ac o bwnc i bwnc. Ni ddylid byth anghofio bod Lladin yn dal yn iaith swyddogol yn yr Eglwys Gatholig, a bod chwarter poblogaeth y byd wedi eu bedyddio yn yr eglwys honno. Golyga hyn fod nifer fawr o bobl sy'n gweithio i'r eglwys yn meddu ar rywfaint o allu i ddarllen Lladin, pobl na fyddai efallai'n deall unrhyw iaith arall sy'n meddu ar erthyglau am Gymru. Nid oes angen lefel uchel iawn o wybodaeth ramadegol er mwyn deall erthygl ar Wicipedia. Nid yw erthyglau Wicipedia Cymraeg yn hir iawn fel rheol, ac felly nid yw'r trosiadau Lladin yn hir chwaith.

Y bedwaredd bau, ac yn perthyn i hyn, yw newyddion yn Lladin. Mae'n sicr y byddai'r mwyafrif o ddarllenwyr yn gweld hyn fel cam rhy ecsentrig, a rhaid mynnu'r rheswm am hynny. Y rheswm amlwg yw na ddefnyddir Lladin ym meysydd gwleidyddiaeth, diplomyddiaeth a'r diwydiannau cyllidol heddiw. Er hynny, datgela darlleniad craff o'r papurau newydd Lladin ar-lein agwedd bwysig o'u harddull, sef nad ydynt yn cyfranogi o'r diwylliant 'seleb' sy'n llyffetheirio papurau Saesneg. Y rheswm yw nad oes gan Ladin gywair torfol fel y Saesneg (neu'r Ffrangeg neu'r Sbaeneg). Mae hyn yn wir felly am *Nuntii Latini*, rhaglen newyddion wythnosol ar wefan gorsaf radio YLE yn y Ffindir. Gellir hefyd ddarllen y newyddion yn Lladin ar wefan o Wlad Pwyl, a gwrando ar y newyddion yn Lladin yn wythnosol yn yr Almaen. Yn yr achosion hyn o Wlad Pwyl a'r Almaen, Catholigion sy'n gwneud y gwaith hwn, ac yn yr Almaen mae cymhelliad cosmopolitanaidd, sef atal twf cenedlaetholdeb eithafol fel y caed yn ei hanes diweddar. (Dyma efallai paham fod Joseph Ratzinger, y cyn-Bab Bened XVI, wedi glynu mor hen-ffasiwn wrth yr Offeren Ladin yn yr Eglwys Gatholig, rhywbeth na ddeallodd y cyfryngau torfol Saesneg o gwbl.)[31]

Pwysig yw sylweddoli bod nifer o'r ieithoedd a ddyfeisiwyd yn y cyfnod modern yn symleiddio Lladin neu'n defnyddio geirfa ieithoedd Romáwns. Methodd y mwyafrif o'r ieithoedd yma, yn cynnwys Esperanto, ag ennill cefnogaeth eang. Nid yw mynd ati i ddefnyddio'r Lladin yn y peuoedd dethol a restrais uchod yn fwy ecsentrig na defnyddio ieithoedd adeiledig a ddyfeisiwyd yn y cyfnod diweddar. Yn wir, byddai'n fwy naturiol.

Ffrangeg fel iaith ryngwladol

Fel yn achos y Lladin, y demtasiwn yw ystyried y Ffrangeg fel iaith ymerodrol yn unig, gan mai y hi oedd iaith y Normaniaid a'r iaith sydd wedi gormesu'r Llydaweg. Mae'n werth cofio mai'r Saesneg oedd yr iaith 'niwtral' i'r Llydawyr a'r Basgwyr. O ystyried hanes hir–dymor, mater sefyllfaol, perthynoliaethol yw penderfynu pa un ai ymerodrol a'i peidio yw iaith 'ryngwladol'. O sylweddoli hyn, gellir canfod ffordd ymlaen.

Yma dilynaf resymeg yr ieithydd Ffrengig-Iddewig Claude Hagège, sydd wedi gwneud cymaint i hyrwyddo'r Ffrangeg ond hefyd dros ieithoedd mewn perygl.[32] Disgrifia Hagège y modd y llaciodd y Ffrangeg ei gafael ar amryw beuoedd yn Ffrainc er chwedegau'r ugeinfed ganrif, gan gynnwys cyfrifiadureg a thechnoleg gwybodaeth. Mae hyn yn groes i brofiad y Gymraeg! Nid felly y bu bob amser yn hanes y Ffrangeg. Awgryma Hagège fod angen herio goruchafiaeth y Saesneg yn rhyngwladol drwy hyrwyddo Ffrangeg a hefyd ieithoedd lleiafrifol brodorol. Mae sawl rheswm. Yn gyntaf, ni fydd siaradwyr ieithoedd Romáwns Ewrop fyth yn gwbl gyffordlus yn y Saesneg am resymau ieithyddol. Ni fyddant gan mwyaf fyth yn rhan o'r elit o siaradwyr Saesneg iaith gyntaf. Yn ail, mae Ffrangeg eisoes yn iaith ryngwladol y gellir ei hybu. Yn drydydd, mae angen newid delwedd y Ffrangeg am fod ganddi hanes o ormesu ieithoedd brodorol yn Ffrainc.

Gan i mi ddechrau drwy drafod agweddau Saunders Lewis, priodol yw symud yma o chwarae â'r syniad o Ladin cyfoes fel iaith ryngwladol at un y gellir ei gymryd fwy o ddifrif, sef safle'r Ffrangeg fel iaith ryngwladol heddiw. Ffrangeg yw'r ail iaith fwyaf eang yn y byd o ran nifer y gwladwriaethau lle y defnyddir hi. Fel nifer o ddeallusion cenedlatholgar Cymraeg o hanner cyntaf yr ugeinfed ganrif, pobl fel Emrys ap Iwan ac Ambrose Bebb, roedd Saunders Lewis yn rhugl yn y Ffrangeg. O ganlyniad, agorwyd byd deallusol arall iddo ef a'i gyfoedion, un sy'n prysur gau i Gymry heddiw. Mae i'r dirywiad hwn ganlyniadau negyddol iawn i Gymru, yn enwedig y Gymru Gymraeg, oherwydd Ffrangeg yw un o ddwy iaith Llydaw, gwlad sy'n meddu ar berthynas unigryw â Chymru. Os collwn ein gafael ar y Ffrangeg, collwn ein gallu i feithrin perthynas gyflawn â Llydaw. Yn ehangach, collwn ein gallu i ddeall cenedlaethau o feddylwyr Cymraeg a Chymreig o'r gorffennol a feddai ar allu yn y Ffrangeg ac ar gysylltiadau Ffrengig a rhyngwladol. Yn olaf, collwn ein gallu i feithrin dealltwriaeth o ddiwylliant Ffrangeg rhyngwladol.

Nid yw 'dwyieithrwydd' honedig Cymry Cymraeg o gymorth o reidrwydd. Rhethreg y sector addysg cyhoeddus yw hynny. Mae'n cuddio'r ffaith mai Saesneg – neu Wenglish – sydd mewn gwirionedd yn ffurfio ieithwedd pobl. Mae Saesneg wedi gwneud llawer mwy na chymryd lle Lladin. Mae wedi camu dros y llidiart a rheibio'r defaid. Dyma mewn ffordd drwsgl yr oedd Saunders Lewis yn ceisio'i ddweud adeg Ail Gyngor y Fatican. Does dim rhaid cytuno â phob manylyn o fydolwg Saunders Lewis i weld y synnwyr yn yr hyn a feddyliai.

Dychmygwn fod Cymru'n annibynnol. O ble y daw'r diplomyddion ar gyfer y mwy na 200 o wledydd sy'n perthyn i'r Cenhedloedd Unedig? Faint fydd yn rhugl mewn un iaith dramor, a faint fydd yn sylweddoli bod TGAU Ffrangeg yn chwerthinllyd o anaddas ar gyfer eu swydd? Ni fydd pwynt cuddio tu ôl i'r gobaith y byddai Cymru'n niwtral ac yn heddychol. Mae gan wledydd niwtral hefyd ddiplomyddion a llysgenhadon.

Dyma ganlyniad chwerw diosg Lladin o'r cwricwlwm addysg a newid holl ddull dysgu ieithoedd (gan gynnwys ieithoedd tramor, y Gymraeg a'r Saesneg) o ganolbwyntio ar ramadeg i ganolbwyntio ar hunanfynegiant, a dysgu bod yn dwrist ar eich gwyliau. Byddai nifer yn dweud mai dyma wir ganlyniad y newid o Lefel O i TGAU gyda chyflwyniad y Cwricwlwm Cenedlaethol. Ond rhaid tadogi peth o'r bai ar agweddau 'gwerinol', gwrth-elitaidd, poblogeiddiol O. M. Edwards ar ddechrau'r ugeinfed ganrif, gyda'i syniad naïf a nawddoglyd y dylai disgyblion ysgrifennu yn eu tafodiaith gan fod Cymraeg Safonol yn rhy anodd iddynt. Dyma benllanw cymryd yn llythrennol y myth ymneilltuol rhyddfrydol fod Cymru'n genedl werinaidd, egalitaraidd, a.y.b., sef gwneud iaith yn hawdd er mwyn lleddfu'r cymhlethdod israddoldeb sy'n ein blino. Y canlyniad fu llawer mwy o Seisnigeiddio yn y modd mwyaf bas yn ddiwylliannol, a *dumbing down* hollol ddigywilydd gan awdurdodau addysg ac ysgolion cyfun a pheri i addysg Gymraeg a dwyieithog fod yn rhan o'r broblem yn hytrach na chynnig gweledigaeth go iawn.

Diweddglo

Bu'r Cymry mewn cysylltiad ag ieithoedd rhyngwladol ers canrifoedd, gan ddechrau gyda Lladin (er iddynt efallai ddod i gysylltiad â Groeg cyn hynny), yna Ffrangeg ac wedyn Saesneg. Mae'r tair i wahanol raddau yn dal yn ieithoedd rhyngwladol. Y broblem yng Nghymru yw fod mwyafrif y boblogaeth wedi colli eu hiaith eu hunain gan fabwysiadu un o'r ieithoedd rhyngwladol, sef Saesneg – rhywbeth na ddigwyddodd yn achos y Lladin na'r Ffrangeg. Y gyfundrefn addysg wladol a thwf eglwysi ymneilltuol Saesneg (yn aml rhai a sefydlwydwyd gan Gymry Cymraeg) oedd yn gyfrifol am hyn. Dyma felly erydu'r sector gwirfoddol Cymraeg a hefyd atgyfnerthu'r Saesneg yn nhwf y wladwriaeth fodern ganoledig. Bu peth Cymreigio ar y gyfundrefn addysg yn fwy diweddar fel ymateb i hyn, ond dirywio fu hanes y Lladin ac erbyn hyn y Ffrangeg yn y gyfundrefn addysg, gan gynnwys yr ysgolion Cymraeg. Felly, er yr hybir Gymraeg fel cyfrwng addysg, ychydig iawn o bobl o oedran gweithio o blith y Cymry Cymraeg sydd bellach yn meddu ar fedrau go iawn mewn Lladin. Mae medrau Ffrangeg yn isel nawr, gyda nifer gynyddol o brifathrawon ysgolion Cymraeg yn gwrthod caniatáu'r iaith fel pwnc chweched dosbarth. Yr esgus yw nad oes digon o alw am ieithoedd modern. Y gwir yw fod hyn yn rhan o duedd ryngwladol i ddibrisio pob iaith ryngwladol heblaw'r Saesneg.

Rydym yn wynebu argyfwng ieithyddol yng Nghymru o ran gwybodaeth a medrau yn gyffredinol. Ganrif yn ôl roedd prif ddeallusion Cymru yn medru Ffrangeg a Lladin. Heddiw dydyn nhw ddim. Dyw'r mwyafrif o ddarlithwyr ym mhrifysgolion a cholegau Cymru ddim yn medru iaith arall heblaw'r Saesneg, ac eto mae toreth o waith academaidd yn cael ei chynhyrchu mewn ieithoedd eraill, gwaith na chaiff fyth ei gyfieithu ac felly na ellir ei ddarllen. Sut ar y ddaear y mae prifysgolion Cymru'n gobeithio bod yn y rheng flaenaf yn rhyngwladol os na allant fynnu lefel uwch o allu ieithyddol na'r hyn sy'n bodoli heddiw? Sut y credwn y gall Cymru ddod yn wlad annibynnol sy'n meithrin perthynas ddiplomataidd â gwledydd eraill y byd pan fo cyn lleied o'r rhai sy'n perthyn i'r cylchoedd lle mae gwleidyddion a gweision sifil yn datblygu yn medru ieithoedd modern? Nid yw pob gwlad yn y byd yn defnyddio'r Saesneg. A fyddai Cymru annibynnol yn fodlon cyfathrebu â Gwladwriaeth y Fatican drwy'r Saesneg, am na fyddai ganddi bobl a allai ddefnyddio Lladin, sef ei hiaith swyddogol? Byddai hyn yn drais symbolaidd difrifol oherwydd Lladin oedd yr iaith ddiplomyddol a ddefnyddid pan oedd y Cymry'n annibynnol ac yn Gatholig. Beth fyddai Saunders Lewis yn ei feddwl o'r Gymru ddatganoledig, 'ddwyieithog'?

Nodiadau

1   *The Catholic Herald*, 4 Mawrth 1983.
2   Evans, W.G. (2008) *Examining the Secondary Schools of Wlaes, 1896-2000*. Caerdydd: Gwasg Prifysgol Cymru.
3   Evans, W.G., op. cit.
4   Evans, W.G., op. cit.
5   Evans, W.G., op. cit .
6   Evans, W.G., op. cit.
7   Evans, W.G., op. cit.
8   Evans, W.G., op. cit.
9   Thomas, P.W. (1996) *Gramadeg y Gymraeg*. Caerdydd: Gwasg Prifysgol Cymru.
10 Jones, R.W. (2007) *Rhoi Cymru'n Gyntaf: Syniadaeth Plaid Cymru*. Caerdydd: Gwasg Prifysgol Cymru.

11 Watkin, T.G. (2012) *A Legal History of Wales*. 2il arg. Caerdydd: Gwasg Prifysgol Cymru.

12 Ostler, N. (2010) *Ad Infinitum: A Biography of Latin*. Llundain: Harper Collins.

13 http://www.nationalarchives.gov.uk/latin/beginners/default.htm

14 Seisnigo'r Alban – dyma paham taw Saesneg fu cyfrwng athroniaeth Albaneg adeg yr Ymoleuad.

15 Leonhardt, J. (2013) *Latin: Story of a World Language*. Cambridge, MA: Harvard University Press.

16 Lucci, D. (2008) *Scripture and Deism: The Biblical Criticism of the Eighteenth Century British Deists*. Bern: Peter Lang.

17 Stray, C. (1998) *Classics Transformed: Schools, Universities and Society in England, 1800-1960*. Rhydychen: Oxford University Press.

18 Gallaf dystio i hyn fy hun am i mi ddysgu Lladin drwy'r Saesneg drwy diwtoriaid preifat, ac oherwydd fy mod i'n tiwtro Lladin drwy'r Saesneg yn breifat.

19 Mewn gwirionedd y rheswm am hyn yw nad oes gan Loegr chwedloniaeth frodorol ei hun, yn ddiau am fod myth wedi tyfu y bu'r genedl Seisnig yn Gristnogol o'r cychwyn drwy'r frenhiniaeth Eingl-Sacsonaidd.

20 Am agweddau negyddol tuag at Ladin ar sail cenedlaetholdeb, gweler Davies, C. (1995) *Welsh Literature and the Classical Tradition*. Caerdydd: Gwasg Prifysgol Cymru, t. 118.

21 Am y ffigurau hyn, gweler Leonhardt, passim.

22 Er enghraifft gweler Laird, A. (2006) *The Epic of America: An Introduction to Rafael Landívar and the Rusticatio Mexicana*. Llundain: Duckworth.

23 Wele blog Mary Beard http://timesonline.typepad.com/dons_life/.

24 Leonhardt, op. cit.

25 Rwy'n ddiolchgar i Dylan Foster Evans am y sylw hwn.

26 John Ray, *The Wisdom of God, Manifested in the Works of Creation*. London, 1691.

27 Evans, D.W. a Roberts, B.F. (goln.) (2009) *Edward Lhwyd (1660-1709). Llyfryddiaeth a Chyfarwyddiadur*. Aberystwyth: Canolfan Uwchefrydiau Cymreig a Cheltaidd Prifysgol Cymru.

28 Learn, W.T. (1992) *Botanical Latin: History, Grammar, Syntax, Terminology and Grammar*. Newton Abbot: David & Charles.

29 Ostler, N. (2010) *The Last Lingua Franca: English Until the Return of Babel*. Llundain: Penguin.

30 Y Gyngres Fotanegol Rhyngwladol benderfynodd hyn, mewn cynhadledd yn Melboure, Awstralia. http://blogs.nature.com/news/2012/01/revised-rules-for-botanical-taxonomy-take-effect.html Rhaid nodi arwyddocad hyn, oherwydd Awstralia yw'r genedl-wladwriaeth gyda'r record gwaethaf yn y byd am erlid a lladd ieithoedd brodorol, ieithoedd sy'n cynnwys gwybodaeth fotanegol allweddol. Gellir canfod yr ymosodiad ar Ladin mewn Botaneg fel

ffordd o hyrwyddo athroniaeth wyddonol sy'n anwybyddu pwysigrwydd iaith ac felly hanes yn y broses o ddosbarthu byd natur.

31 Nuntii Latini yn y Ffindir http://areena.yle.fi/1-1931339. Ceir papur newydd Lladin arlein o'r un enw o Wlad Pwyl: http://ephemeris.alcuinus. net/. Hefyd darlledir y newyddion yn Lladin yn wythnosol gan Radio Bremen yn yr Almaen. http://www.radiobremen.de/podcasts/latein/ latein114.html

32 Hagège, C. (2008) *Combat pour le français: Au nom de la diversité des langues et des cultures.* Paris: Odile Jacob.

Dichten und Denken: meddwl am yr iaith a meddwl yn yr iaith yng nghwmni Martin Heidegger

Ned Thomas

I

Yn gymharol ddiweddar y dechreuais ddarllen gwaith Heidegger, a byddai angen oes arall i ymgyfarwyddo â chorpws sydd bellach wedi pasio cant o gyfrolau sylweddol. Dilyn dau bwnc ar sail nifer cyfyngedig o destunau Heidegger y byddaf yn yr ysgrif hon[1], ond mae popeth arall a ddarllenais ganddo yn awgrymu nad ydym byth ymhell iawn o'r cwestiwn iaith yng ngwaith yr awdur hwn – yr iaith fel pwnc a drafodir, ond hefyd fel cyfrwng y meddwl hunanymwybodol sy'n trafod.

O gyfeiriad hanes ieitheg y deuthum gyntaf at y testunau dan sylw wrth imi geisio olrhain y gwahanol syniadau a ddylanwadodd ar y canfyddiad o'r ieithoedd lleiafrifol Ewropeaidd o'r ddeunawfed ganrif ymlaen. Mae diddordeb o'r fath yn mynd â chi'n syth at y byd Almaeneg ei iaith ar ddiwedd y ddeunawfed ganrif a dechrau'r bedwaredd ganrif ar bymtheg, cyfnod pan nad oedd yr Almaen fel gwladwriaeth eto'n bodoli; at enwau mawr megis Herder a'r brodyr i gyd: y brodyr Schlegel, y brodyr Grimm, a'r brodyr von Humboldt. Roedd y bobl hyn yn hynod o weithgar ar draws ystod eang o feysydd gan gynnwys athroniaeth ac ieitheg, barddoniaeth a llên gwerin, anthropoleg, addysg a gwleidyddiaeth. Gosodir hwy i gyd ambell waith yn y categori Rhamantiaeth, a does gen i ddim gwrthwynebiad i hynny dim ond i ni sylweddoli bod prif bwyslais

103

yr hyn a elwir yn Rhamantiaeth yn amrywio o wlad i wlad yn
Ewrop. Yn Lloegr mae'r Rhamantwyr yn gyntaf oll yn golygu'r
beirdd – Wordsworth a Coleridge, Shelley a Keats. Yn Ffrainc
mae Rhamantiaeth yn gategori ehangach sy'n cynnwys rhyddiaith
yn ogystal â barddoniaeth, Chateaubriand yn ogystal â Lamartine,
ac efallai Rousseau hefyd. Yn y byd Almaeneg ei iaith mae'r ystod
yn ehangach fyth fel yr awgrymwyd eisoes. Yno, yr iaith ei hun
sy'n cael y pwyslais canolog.

Fy mhroblem wrth fynd i'r afael ag awduron Almaeneg y
cyfnod oedd eu bod i gyd mor doreithiog fel bod perygl i rywun
naill ai fynd ar goll yn eu gweithiau neu dderbyn gosodiadau ail-
law ysgubol am y traddodiad Almaeneg, a'r rheiny'n rhy aml yn
cael eu lliwio'n ôl-syllol gan hanes diweddarach yr Almaen. Ond
nid rhywbeth unedig a monolithig yw traddodiad ond llwybr sy'n
agor wrth fynd yn ei flaen. Rhinwedd mawr Heidegger i mi yw ei
fod yn dywysydd rhagorol drwy'r maes. Yr athronwyr Almaeneg
o Kant ymlaen oedd un o'i brif feysydd darlithio. Mae'n deall
y traddodiad o'r tu mewn, ond hefyd yn gallu gwahaniaethu'n
gelfydd iawn rhwng y gwahanol safbwyntiau a chyfnodau. Mae
meddwl am yr iaith yng nghwmni Martin Heidegger felly hefyd
yn golygu meddwl amdani yng nghwmni ei ragflaenwyr, Herder
a Wilhelm v. Humboldt yn arbennig. Gwneud hynny mewn
cyd-destun hanesyddol y byddaf yn ail ran yr ysgrif hon.

Nid trosglwyddo gwybodaeth o'r gorffennol, fodd bynnag, oedd
nod Heidegger wrth ddarlithio, ond yn hytrach gofyn cwestiynau
a chael ei wrandawyr i feddwl. Mae'n dethol yr elfennau hynny
yng ngwaith ei ragflaenwyr sydd yn siarad â'i gyfnod ef ei hun, ac
yn aml mae'n mynd un cam cyffrous ymhellach. Hawdd gweld
paham yr oedd cynifer o'i fyfyrwyr yn cael eu hysbrydoli ganddo
ac yn troi nid yn ddilynwyr ond yn feddylwyr, rhai ohonynt yn
enwog iawn wrth gwrs – Hannah Arendt, Gadamer a Marcuse.
Mae'n gosod cyfrifoldeb arnom ni hefyd i gloriannu a mesur
perthnasedd ei syniadau wrth inni feddwl am iaith yn ein cyd-
destun cyfoes ni.

Mae trydedd ran yr ysgrif hon yn gwyro mwy i gyfeiriad y llwybrau a agorir – neu a ailagorir – gan Heidegger ei hun. Cyfrwng meddwl Heidegger yw'r Almaeneg, ac mae'n defnyddio teithi'r iaith honno i agor y meddwl i gyfeiriadau newydd. Dyma achosodd i mi benderfynu, er nad yw fy Almaeneg cystal â hynny, fod ymgodymu â'i waith yn Almaeneg gyda chymorth geiriadur Almaeneg-Almaeneg yn haws yn y pen draw nag ymgodymu ag ef mewn cyfieithiad. Roedd gwneud hyn yn ei dro yn fy ngorfodi i feddwl am y Gymraeg fel cyfrwng meddwl ac fel modd i esgor ar syniadau newydd.

Mae gan Heidegger enw am fod yn astrus iawn. Mae'n wir ei fod yn gofyn llawer gan y darllenydd yn yr ystyr ei fod yn estyn gorwel y meddwl, a minnau'n aml yn methu ateb y sialens; ond o'r ochr arall nid yw'r gallu i'w ddilyn yn dibynnu'n ormodol ar fedru terminoleg arbenigol a bod â chefndir darllen eang yn y maes. Mae'r iaith Almaeneg ei hun yn hwyluso'n dealltwriaeth gan fod y mwyafrif mawr o'r geiriau haniaethol cyfansawdd wedi eu hadeiladu o elfennau diriaethol o fewn yr iaith lafar sydd yn eiddo i bawb. Mor wahanol yw natur termau haniaethol yn Saesneg! Cyfrifais mai dim ond tri neu bedwar o'r 210 o dermau diwylliannol a chymdeithasegol a drafodir gan Raymond Williams yn *Keywords* sydd â gwreiddiau cynhenid Saesneg. Heb wybodaeth o'r Hen Roeg a Lladin ni fydd y darllenwyr yn deall mai defnydd trosiadol a geir yn y termau hyn o eiriau digon cyffredin yn yr ieithoedd clasurol gwreiddiol. Bydd yn rhaid iddynt ddysgu'r ystyr heb ddeall y meddwl sydd wrth wraidd y cysyniad.

Mae'r Gymraeg yn aml iawn yn dilyn y patrwm Almaeneg wrth lunio termau. Mae *Einführung* yn ein harwain i mewn i lyfr fel y mae 'rhagarweiniad' yn Gymraeg; mae 'ymdeimlad' a 'chydymdeimlad' i'w cael yn Gymraeg fel y mae *Einfühlung* i'w cael yn Almaeneg. Yn Saesneg, oni bai fod cefndir gennych mewn Lladin a Groeg, bydd yn rhaid i rywun esbonio ystyr *introduction*, *empathy* a *sympathy*. Ond mae digon o enghreifftiau eraill, wrth gwrs, lle mae'r Gymraeg fel y Saesneg wedi benthyg o'r Roeg a'r Lladin.

Oherwydd hanes y dyn yn ei gyfnod, gwell imi ddatgan yn syth nad wyf yn gweld bod syniadau Heidegger am iaith wedi eu gwenwyno gan ei ymlyniad digamsyniol wrth Natsïaeth ar ganol tridegau'r ganrif ddiwethaf. Gwêl rhai athronwyr gwleidyddol dueddiad adweithiol yng ngwaith Heidegger drwyddo draw, ond mae eraill, a llawer ohonynt hefyd yn perthyn i'r Asgell Chwith Ewropeaidd, yn barod iawn i gydnabod eu dyled iddo. Mae'r drafodaeth gyfoes am ddehongli, am yr ôl-fodern, am yr hyn y mae Gianni Vattimo ac eraill o'r Eidalwyr yn ei alw *il pensiero debole* (y meddwl gwantan), yn llawn cyfeiriadau'n ôl at waith Heidegger. Ond dehongli Heidegger ymhellach i gyfeiriad athroniaeth wleidyddol y mae'r naill garfan a'r llall. Rwy'n tueddu i gytuno â Hannah Arendt, yr Iddewes ddisglair honno oedd yn fyfyrwraig a hefyd am gyfnod yn gariad i Heidegger. Roedd hi'n ei ddeall yn well na neb ac yn ei feirniadu nid am unrhyw *gynnwys* gwleidyddol yn ei waith athronyddol, ond am iddo dynnu'n ôl o'r byd cyhoeddus a gwleidyddol yn sgil ei brofiadau yn y tridegau, a chilio i ryw uchelderau athronyddol pur – yr hyn a ddisgrifiodd ef fel 'dewis byw o'ch gwirfodd yn y mynydd-dir uchel ynghanol y rhew'.

Fe gofiwch ddatganiad enwog Marx fod yr athronwyr wedi dehongli'r byd, ond mai'r peth pwysig yw ei newid. Mae'r gwrthwyneb yn wir hefyd, a dyna oedd amddiffyniad Heidegger, bod yn rhaid gallu dehongli'r byd a deall sut le ydyw er mwyn wedyn cael rhywbeth i'w wireddu. Ac mae hynny yn fwy perthnasol, mae'n siŵr, wedi i nifer o'r hen naratifau cryfion chwalu. O ran materion iaith, rhan o atyniad Heidegger i mi yw ei fod mor bell o'r drafodaeth wleidyddol a chymdeithasegol. Yng Nghymru does bellach ddim prinder trafodaeth am wleidyddiaeth iaith a chymdeithaseg iaith a pholisïau iaith, ond mae athroniaeth iaith yn reit brin, ac anaml y gofynnir rhai o'r cwestiynau gwaelodol am natur iaith.

II

Wrth drafod Herder, gwêl Heidegger fod y cwestiwn gwaelodol 'sut beth yw iaith?' yn codi ar ffurf newydd yn yr ail ganrif ar bymtheg a'r ddeunawfed ganrif, a hynny yn sgil y newid a fu yn y ffordd o feddwl am y bod dynol.[2] Roedd y canrifoedd Cristnogol wedi arfer meddwl amdano fel creadur, h.y. rhan o greadigaeth Duw (mae'r Gymraeg yn cadw adlais o hyn yn ein defnydd o'r gair creadur – 'yr hen greadur[es]'). Yn ôl Llyfr Genesis yr oedd Duw hefyd wedi creu cenhedloedd y ddaear o wahanol ddisgynyddion Adda ac Efa ac wedi rhoi iaith iddynt yn anrheg. Mae hanes Twr Babel wedyn yn cymhlethu pethau wrth i Dduw benderfynu troi unieithrwydd yn amlieithrwydd, ond y naill ffordd a'r llall, rhodd oedd iaith gan Dduw i'w greaduriaid dynol. Roedd amgyffred iaith yn y fath fodd wedi parhau'n hir yng Nghymru. Deuthum ar draws llyfr nodiadau diddorol o'r flwyddyn 1864 oedd fwy na thebyg yn perthyn i'r bardd Gwalchmai ac sydd yn rhestru'r dadleuon o blaid ac yn erbyn parhad y Gymraeg.[3] A dyma un o'r nodion: 'Rhodd uniongyrchol o'r nef yw llafar. Dim ond Rhagluniaeth all roddi iaith i lawr.' (Sylwer hefyd ar y gair 'llafar' yn golygu iaith neu iaith lafar, a hefyd ar y syniad o ragluniaeth fel rhywbeth y tu hwnt i allu dynol.)

Daw newid yn y ffordd o amgyffred iaith, medd Heidegger, pan ddechreuir meddwl am y bod dynol fel goddrych. Mae Herder, er ei fod yn cadw'r syniad o Dduw fel *prima causa*, yr hwn sy'n gosod y greadigaeth ar ei ffordd, yn pwysleisio mai creadigaeth dynion (yn ystyr cynhwysol y gair) yw iaith, a mynegiant o'r nerth creadigol sydd ynddynt. Cyrhaeddodd y syniadau hyn Gymru hefyd. Yn 1848 enillodd Thomas Stephens, mab i grydd o Bontneddfechan, wobr fawr yn Eisteddfod y Fenni am draethawd a ddaeth yn enwog yn rhyngwladol dan y teitl *The Literature of the Kymry* ac a gyfieithwyd i'r Almaeneg o fewn ychydig amser. Mae'r astudiaeth lenyddol yn gorffen gyda'r Gogynfeirdd, ond mewn pennod ar y diwedd am y Gymraeg mae'n trafod yr iaith gyfoes ac yn ei gweld yn abl i ddatblygu termau o'i hadnoddau cynhenid i gwmpasu pob maes a gwyddor:

[The Welsh language] has been found capable of meeting all the demands made upon it, without being in the slightest degree indebted to foreign aid; and the fact that in the march of intellect many branches of knowledge have been formed for which the Kymry have no expressions, is no proof whatever that its capacities have been exhausted... there is not much room for doubt that this time-honoured language will, like the Greek, be as well adapted for the most abstruse sciences as for common conversation.[4]

Ond yn fuan iawn gwelwyd effaith y Llyfrau Gleision a cholli hyder wyneb yn wyneb â'r Saesneg.

'Anifail sydd â'r gallu i siarad, meddwl a rhesymu' – dyna oedd un diffiniad o'r bod dynol o roi heibio'r ffrâm ysgrythurol; ond, meddai Wilhelm v. Humboldt, yr oedd yn rhaid bod yn ddynol yn y lle cyntaf i fedru siarad a meddwl a rhesymu. Nid rhywbeth y tu allan i ni yw iaith, meddai, ond yn hytrach 'mae'r iaith wedi ei mewnoli o fewn pobl'. I Heidegger hefyd mae iaith ynghlwm yn dynn wrth gwestiwn bod, ac mae'n cysylltu hyn â'r pwyslais a geir yn Herder a Humboldt ar lefaru fel y math hollbwysig a chorfforol o fynegiant. Mae hyn yn beth digon amlwg yn yr iaith Almaeneg:

sprechen siarad, llefaru, *speak*.
die Sprache yr iaith, llafar, *langue* (Ffrangeg), *language, tongue, speech*
besprechen trafod; **Besprechung** cyfarfod, trafodaeth; **Gespräch** sgwrs, ymddiddan
Sprachraum y gofod daearyddol y siaredir iaith arbennig o'i mewn.

Yn naturiol mae *Sprache* yn gallu cwmpasu pob math o iaith, yr iaith ysgrifenedig yn ogystal â'r iaith lafar, ond eto mae'r gair yn rhoi blaenoriaeth i'r weithred o lefaru, ac mae'r un peth yn wir am y geiriau cyfansawdd eraill sydd rhyngddynt yn ffurfio un maes semantig eang yn ymwneud â siarad. Nid oes angen i'r Almaenwr ddweud *sprechen Sprache,* a byddai'n ddiangen i ni ddweud 'llefaru llafar' petasem yn Gymraeg wedi dal i ddefnyddio'r gair 'llafar' am 'iaith'. Ond mae sôn am 'siarad iaith' yn gosod rhywfaint yn fwy o bellter rhwng y goddrych a'r gwrthrych. Mae Heidegger hefyd yn pwysleisio bod 'tewi' yn rhan o *Sprache,* ac felly hefyd 'gwrando' a 'chlywed', y naill a'r llall yn rhan o ddeall ein gilydd a bod gyda'n gilydd yn y gofod ieithyddol yr ydym yn ei rannu:

> *Abhandlung über den Ursprung der Sprache,* Herder (1772).
> *Über den Ursprung der Sprache,* Jacob Grimm (1851).
> *Der Ursprung des Kunstwerkes,* [5] Heidegger (1935).
> **Ursprung** – ffynhonnell, tarddiad, gwreiddyn ('Ur-' geiryn tebyg i 'hen-' yn hendaid, 'Sprung' o **springen** (*to spring* yn Saesneg)
> **Kunstwerk** – gwaith celf, *artwork.*

Teitl gwaith a gyhoeddwyd gan Herder yn 1772 oedd y 'traethawd ar darddiad iaith'. Roedd wedi ei gyfieithu i'r Saesneg erbyn 1827 ac mae'n bosibl iawn fod Thomas Stephens wedi ei ddarllen. Tros y ganrif nesaf byddai nifer o ysgolheigion mewn gwahanol wledydd yn cyhoeddi gweithiau gyda'r un teitl ond heb olygu'r un peth wrth y gair 'tarddiad'. Mae Heidegger yn cymharu'r ystyr a roddir i'r gair *Ursprung* gan Herder â'r ystyr sydd gan Jacob Grimm dri chwarter canrif yn ddiweddarach. Gofyn y cwestiwn am darddiad iaith mewn termau athronyddol yr oedd Herder a Wilhelm v. Humboldt, a'u hateb oedd fod yr iaith wedi ei mewnoli yn y bod dynol. Dyma'r un fath o gwestiwn ag y mae Heidegger ei hun yn ei ofyn am darddiad y gwaith celf yn *Der Ursprung des Kunstwerkes*: o ba le yn y bod dynol y daw'r gwaith celf? Ond ystyr arall i'r gair 'tarddiad' sydd gan Jacob Grimm yn ei draethawd ef. Rhwng traethawd Herder a Jacob Grimm, medd Heidegger, mae dau beth wedi digwydd.

Yn gyntaf, mae ieitheg gymharol a hanesyddol wedi ennill ei thir. Drwy ddeall y ffordd yr oedd seiniau yn newid dros amser yn ôl rheolau penodol yr oedd ieithegwyr wedi llwyddo i greu coeden achau ar gyfer yr ieithoedd Indo-Ewropeaidd a'u gosod mewn is-deuluoedd. Erbyn canol y bedwaredd ganrif ar bymtheg yr oedd darn olaf y jig-so Indo-Ewropeaidd yn ei le, a'r darn hwnnw, fel mae'n digwydd, oedd yr ieithoedd Celtaidd. Roedd ieitheg gymharol wedi datrys cyfrinach perthynas ieithoedd, ac fe gafodd yr ieithegwyr a wnaeth hynny glod rhyfeddol nid annhebyg i'r clod a gafodd Tim Berners-Lee yn ein cyfnod ni am greu'r rhyngrwyd. Mae eu gwaith yn sefyll hyd heddiw. Ond, medd Heidegger, y canlyniad erbyn amser Jacob Grimm oedd fod tarddiad iaith bellach yn cael ei ddehongli nid yn nhermau athronyddol Herder am iaith a bodolaeth dyn, ond yn nhermau datblygiad hanesyddol, sef mynd yn ôl cyn belled ag oedd yn bosibl at y ffurfiau cynharaf tybiedig – y rhai a nodir fel arfer â seren *.

Ymhellach, roedd y sifft tuag at weld iaith mewn cyd-destun hanesyddol yn digwydd ar adeg pan oedd y syniad o beth oedd hanes yntau'n newid. Yr ail beth a effeithiodd ar y canfyddiad o iaith rhwng Herder a Grimm, yn ôl Heidegger, oedd twf Delfrydiaeth Almaenig, gwaith pobl fel Fichte a Hegel. Nid cronicl o'r naill beth yn digwydd ar ôl y llall fyddai hanes bellach ond y meddwl yn gweld patrwm, neu'n hytrach yn creu patrwm yn y digwyddiadau. Yn aml iawn soniwn am greu naratifau cenedlaethol a gwladwriaethol. Ac er mor wahanol yr ymddengys rhagdybiaeth Marx mai datblygiad yr economi sydd yn creu patrwm hanes, yr hyn a wna, medd Heidegger, yw troi naratif y delfrydwyr ar ei ben tra'n cadw'r un rhagdybiaeth o broses anorfod. Mae tebygrwydd yn hyn i awgrym Raymond Williams fod Marcsiaeth, ar ôl esbonio'r byd yn nhermau materyddol, yn gadael i ddelfrydiaeth ddod i mewn drwy'r drws cefn wrth ragdybio bod rhyw broses anochel yn gyrru hanes.[6]

Roedd y meddylfryd hanesyddol newydd yn gweld esblygiad anorfod ar waith ym myd ieithoedd hefyd. Yn lle bodloni ar ddisgrifio mathau gwahanol o ieithoedd – rhai yn unsill, rhai eraill yn defnyddio terfyniadau, a rhai eraill eto oedd yn ieithoedd dadansoddol, fe osodwyd yr ieithoedd mewn trefn o'r syml i'r mwyaf 'datblygedig', a'r ieithoedd mawr Ewropeaidd yn naturiol oedd yn dod i'r brig. Roedd Tsieinëeg ar y gwaelod am ei bod yn iaith unsill! Rhaid cofio ein bod ynghanol cyfnod imperialaeth pan oedd Ewrop yn dod i gysylltiad â phob math o ddiwylliannau 'ecsotig' ac yn eu goresgyn. Daw trosiadau organig yn gyffredin yn y cyfnod wrth drafod ieithoedd, megis y goeden a'i gwreiddiau a'i dail. Os byddai iaith benodol yn ei chael hi'n anodd cystadlu â'r ieithoedd mwy, bernid ei bod wedi gweld ei dyddiau gorau ac yn gwywo yn ôl deddf natur; ond fel gweddill byd natur roedd yn werth ei hastudio. Ceir felly ieithoedd sydd yn wrthrychau gwerth eu hastudio a rhai eraill sydd yn gyfrwng i'r meddwl ymchwiliol ac wedi datblygu'r gallu dadansoddol angenrheidiol, *la critique* yn Ffrangeg, *criticism* fel y diffiniwyd y gair gan Matthew Arnold 'to know the object as it really is'. Dyma barodd i Matthew Arnold ym Mhrydain, Renan yn Ffrainc ac Unamuno yng Ngwlad y Basg annog y mwyafrifoedd i astudio iaith a llên y lleiafrifoedd, ac annog y lleiafrifoedd yr un pryd i roi heibio arfer eu hieithoedd fel ieithoedd byw. Dyma oedd safbwynt Syr John Rhŷs a Hugh Owen, y safbwynt oedd yn teyrnasu adeg sefydlu colegau Prifysgol Cymru. Dyma arweiniodd at greu'r Adrannau Cymraeg er mwyn ymchwilio i'r iaith gynnar a'i thestunau, ond hefyd peri iddynt ddysgu'r pwnc drwy'r Saesneg am hanner can mlynedd cyntaf eu bodolaeth.[7]

Yn raddol, wrth gwrs, yr oedd y syniad o hanes cenedlaethol yn codi o fewn y Gymraeg hefyd, os dim ond ymhlith carfan fechan ar y cychwyn. O fewn degawd i'r adeg yr oedd Gwalchmai'n gweld Rhagluniaeth fel grym y tu allan i fyd dynion, mae Emrys ap Iwan (sydd wedi bod yn byw ac astudio ar gyfandir Ewrop) yn gweld rhagluniaeth yn weithredol mewn hanes ac yn cydweithio â'r genedl: 'Pwy a ŵyr nad yw Duw wedi cadw'r Cymry yn genedl hyd yn hyn, am fod ganddo waith neilltuol i'w wneuthur trwyddynt yn y byd.'

Nid wyf yma am fynd ymhellach ar ôl perthynas iaith a chenedlaetholdeb gwleidyddol, cwestiwn sydd yn codi'n anorfod yn sgil hanes yr Almaen fel yn hanes Cymru; mae ffigurau llawer mwy canolog i'r drafodaeth honno na Heidegger. Nid fy mod ychwaith yn ceisio esgusodi'r datganiadau gwyllt a wnaethpwyd ganddo am dynged hanesyddol y genedl Almaenig yn 1933–34 pan oedd am ddeng mis yn Brifathro Prifysgol Freiburg ('ffolineb mwyaf fy mywyd' fel y dywedodd wedyn). Yn sicr roedd wedi profi apêl cenedlaetholdeb a'i myth o hanes, ond bu fyw hefyd i weld y canlyniadau wedi'r Ail Ryfel Byd. Cymharol ychydig sydd ganddo wedyn i'w ddweud yn benodol am y syniad o genedl wrth drafod iaith. Os gofynnir ble y mae'r Heidegger diweddar yn sefyll ar y mater, ei ateb, rwy'n credu, fyddai ei fod yn sefyll fel dyn yn ei amser. Perthyn i'w hamseroedd y mae syniadau, a phan fydd yr amseroedd yn barod amdanynt bydd cwestiynau newydd yn siarad â gorwelion newydd.

Mae'n ymddangos i mi fod Heidegger erbyn diwedd yr Ail Ryfel Byd wedi mynd heibio i syniadau'r bedwaredd ganrif ar bymtheg am genedl a chenedlaetholdeb gwleidyddol, ac yn wir heibio i'r naratifau Cristnogol a Marcsaidd hefyd; a dyna ei apêl i'r ôl-fodernwyr. Ond mae'r iaith yn dal yn hollbwysig iddo ac mae'n ailgodi'r cwestiynau a ofynnwyd gan Herder a Humboldt am natur iaith a bodolaeth dynion mewn cyfnod cyn bod yr Almaen fel cenedl-wladwriaeth yn bodoli. Fe gofiwch ddelwedd J. R. Jones o'r 'trac mewn amser' sydd yn cynnig math o gartref i ni. Ai hanes yw'r trac? Ac os felly, a ydym yn gaeth i ba fersiwn bynnag o'n hanes sydd yn teyrnasu ar adeg arbennig? Neu a yw hi'n bosibl mai'r iaith ei hun yw'r trac? Dydw i ddim yn sicr fod J. R. Jones wedi datrys y cwestiwn hwnnw chwaith.

III

'Gan na allwn resymu heblaw o fewn iaith, a yw ein rhesymu wedi ei gyfyngu i'r hyn a feddyliwyd eisoes ac mewn termau a etifeddwyd o fewn iaith benodol?' Dyna gwestiwn Herder, ac mae Wilhelm v. Humboldt yntau'n rhagdybio bod iaith benodol 'yn gosod ffiniau ar feddyliau'r rhai sydd yn ei defnyddio, ac i'r graddau ei bod yn gwyro i gyfeiriad arbennig mae'n cau allan cyfeiriadau eraill.' 'Hon oedd fy ffenestr,' meddai Waldo Williams am y Gymraeg wrth ddisgrifio'i fyd yn blentyn ym Mynachlog-ddu.

Rydym ni ar dir y bu llawer o drafod arno, o'r pen athronyddol a'r pen ieithegol, o Wittgenstein i Saussure, Boas, Sapir a Whorf – iaith fel system, fel cyflawn we, fel patrwm o wrthgyferbyniadau, fel mynegiant o fyd cyfan. Mae'r un enghreifftiau o icitheg gymharol ac anthropoleg yn tueddu i godi: bod y sbectrwm lliwiau yn cael ei rannu'n wahanol mewn gwahanol ieithoedd a'r lliw glas yn Gymraeg yn cael ei ddyfynnu'n aml; y gwahanol fathau o eira yn yr ieithoedd Inuit (ond dim gair am eira) neu agweddau anghyffredin y ferf yn yr iaith Hopi. Ond mae'r un peth yn wir am dermau haniaethol soffistigedig y disgwrs deallusol sydd yn aml yn amgyffred y byd mewn ffyrdd gwahanol yn ôl yr iaith a'r traddodiad deallusol o fewn yr iaith honno. Rwy'n cael hynny'n fwy cyffrous o lawer.

Rydym yn teimlo'n reit gysurus yn benthyg y gair *Weltanschauung* ac yn ei gyfieithu fel 'bydolwg' neu yn Saesneg fel 'world view', ond beth dd'wedwn ni wedyn am *Weltansicht* sydd hefyd yn golygu math o olwg ar y byd? Dyw'r gwahaniaeth yn y defnydd o'r ddau air ddim yn gwbl gyson yn Kant, Herder a Humboldt, ond yn reit aml mae *Weltansicht* yn mynegi'r syniad o fydolwg nad oes gennych ddewis ond ei fynegi oherwydd bod pob iaith yng ngeiriau Humboldt 'yn gosod ffiniau ar feddyliau'r rhai sydd yn ei defnyddio'; tra bod *Weltanschauung* yn fwy tebyg i 'weledigaeth' arbennig o'r byd, rhywbeth y gallwch ddewis ei fabwysiadu a'i peidio. Roedd y Natsïaid yn hoff iawn o sôn eu bod yn cynnig

Weltanschauung ddisglair newydd. Os ydym am wahaniaethu, a oes angen gair arnom fel 'bydamgyffred' ar gyfer *Weltansicht* a chadw 'bydolwg' ar gyfer *Weltanschauung*?[8]

Mae cwestiynau pellach yn codi: a yw'r *Weltansicht* anorfod yn troi'n fath arbennig o *Weltanschauung* i'r ieithegydd cymharol sydd yn gweld drwy sbectol mwy nag un iaith? Beth am unigolion a chymdeithasau dwyieithog? Ai *Weltansicht* yr iaith gyntaf sy'n tra-arglwyddiaethu? Ateb Wilhelm v. Humboldt i ail hanner cwestiwn Herder (sef a oes modd osgoi bod yn gaeth i dermau iaith benodol?) oedd mai trwy gyfieithu ac ehangu cwmpas ein syniadau y gellid osgoi'r caethiwed hwnnw. Mae'r erthygl hon yn ymdrech fechan i'r cyfeiriad hwnnw! Ond rhan gyntaf cwestiwn Herder yw'r pwysicaf i Heidegger: 'Gan na allwn resymu heblaw o fewn iaith, a yw ein rhesymu wedi ei gyfyngu i'r hyn a feddyliwyd eisoes?' Nac ydyw, meddai Wilhelm v. Humboldt, mae ieithoedd yn fwy na ffordd o gadw gwirioneddau'r gorffennol, maent yn fodd i ddarganfod gwirioneddau newydd. A dyma'r llwybr y mae Heidegger yn ei ddilyn, neu yn hytrach yn ei agor o'n blaenau wrth iddo drafod.

> *Unterwegs zur Sprache* [9] – Ar y ffordd at yr iaith? Gan fynd i gyfeiriad yr iaith? (*under* + *way?*)
>
> **wëgen** – gair tafodieithol cefn gwlad (yn ôl Heidegger) am greu llwybr yn yr eira lle nad oes llwybr
>
> **Lichtung** – llannerch, *clearing* (Licht – golau, goleuni, *light*)
>
> **Erschlossenheit** – datblygiad (yn yr ystyr o agor allan, tynnu o'i blygiadau)
>
> **Offenbarkeit** – datgeliad, dod i amlygrwydd, *bringing into the open*
>
> **fragen** – gofyn, holi am
>
> **die Frage** – y cwestiwn, y gofyn
>
> *Die Frage nach der Technik* [10] – y cwestiwn ynglŷn â thechnoleg.

Unterwegs zur Sprache, dyma deitl cyfrol gan Heidegger sydd yn gasgliad o ysgrifau am yr iaith. Ar yr olwg gyntaf mae'n deitl rhyfedd i ddyn a fu eisoes am flynyddoedd cyn hynny yn rhoi sylw i'r pwnc. Ond dyma'r cwestiwn y mae'n ei gofyn iddo'i hun: a yw iaith yn faes arbenigol y gallwn ei astudio, neu a yw hi'n rhywbeth nad ydym hyd heddiw wedi dirnad beth yn union ydyw?[11] Yr ail o'r pethau hyn, medd Heidegger. Dal i ofyn yr ydym, a'r gofyn sy'n gallu agor y ffordd i ddealltwriaeth bellach. Rhywbeth tebyg a ddywed wrth drafod ei bwnc canolog, sef 'Bod': 'Buom gyda'n gilydd yn gofyn y cwestiwn ynglŷn â Bod a buom yn ei ofyn am yr ail dro. Bellach mae'n dechrau bod yn gwestiwn gwerth ei holi.' Wrth lunio cwestiwn, gall yr atebion ddechrau ymddangos yng ngorwel ein meddwl (fel yn ei ysgrif enwog ynglŷn â thechnoleg). Iaith yn naturiol sydd yn llunio'r cwestiynau. Efallai fod angen geiriau newydd neu ddefnydd newydd o hen eiriau er mwyn agor y meddwl i'r hyn sy'n gwawrio ar y gorwel. Yn aml iawn mae'n defnyddio'r trosiad o agor llwybr (gweler *wëgen* uchod) neu ddilyn llwybr nes ei fod yn cyrraedd llannerch lle mae rhyw agor allan yn digwydd a goleuni'n tywynnu (gweler *Lichtung*).

Dof yn awr at rai termau canolog yng ngeirfa Heidegger, geiriau y mae eraill mwy cymwys na fi wedi chwysu drostynt. Ond dyma fentro:

Dasein – bod yno, bodolaeth, h.y. presenoldeb yn y byd, oes dyn yn y byd. Yn y ddeunawfed ganrif dyma'i gair a ddefnyddiwyd i gyfleu 'yn fy ngŵydd'.

das Seiende – yr hyn sy'n bodoli, y pethau sy'n bodoli.

Sein – (berfenw) 'bod' neu efallai 'Bod' neu hyd yn oed yn nefnydd Heidegger 'Y Bod' yn yr ystyr o gwmpasu popeth sy'n bod. Yn Almaeneg defnyddir prif lythyren ar ddechrau pob enw gramadegol ond yn Gymraeg mae dadl dros ddefnyddio Bod â B fawr pan fydd Heidegger yn defnyddio *Sein* yn yr ystyr uchod.

dichten – cyfansoddi, ysgrifennu, barddoni (creu mewn geiriau efallai?) – gair ehangach ei ystyr na barddoni. Dyma'r unig un o'r geiriau Almaeneg a drafodir yn yr erthygl hon sydd yn tarddu o'r Lladin, sef *dictare* (dweud, cyfansoddi, arddweud).

Dichter – prydydd, bardd, awdur; **Die Dichtenden** – y rhai sydd yn cyfansoddi, sydd yn creu; **Gedicht** – cerdd, darn o farddoniaeth.

denken – meddwl (berf), tybio, *think*; a'r gallu neu'r broses o feddwl, *thinking*.

Die Denkenden – y rhai sydd yn meddwl, meddylwyr.

Beth am 'Y meddwl'? Gwelsom nad oedd angen rhagdybio gwrthrych i *sprechen*. Yn yr un modd nid oes angen goddrych ar *denken*, y broses o feddwl. Mae'r gair **Geist** (enaid, ysbryd, y meddwl nid y corff) yn gysyniad gwahanol iawn.[12]

A dyma ddatganiad enwog Heidegger am yr iaith sydd yn rhoi'r geiriau uchod ar waith. Mae'n cychwyn: '*Die Sprache ist das Haus des Seins...*'[13] Yn fy nghyfieithiad i:

Preswylfa Bod yw iaith. Oddi mewn iddi y mae'r bod dynol yn byw. Y rhai sydd yn meddwl (*die Denkende*) a'r rhai sydd yn creu mewn geiriau (*die Dichter*) yw gwarcheidwaid y tŷ. Eu gofal nhw sydd yn cyflwyno ac yn amlygu Bod i'r graddau bod eu geiriau yn ei ddwyn i mewn i'r iaith ac yn ei gadw o fewn yr iaith.

I wneud cyfiawnder â'r gwreiddiol efallai fod angen trosiad mwy 'ysbrydol' ei naws fel geiriau Llyfr yr Actau, 'Oblegid ynddo ef yr ydym ni yn byw, yn symud, ac yn bod' (ond heb y cyfeiriad at Dduw, gan i Heidegger ffarwelio â diwinyddiaeth yn ifanc, er iddo gael ei hyfforddi yn y pwnc), neu fynegiant mwy barddonol fel cerdd Waldo Williams sydd hefyd yn defnyddio adeilad yn drosiad:

Beth yw byw? Cael neuadd fawr
Rhwng cyfyng furiau.

Er hwylustod, ac am y tro yn unig, a gawn ni alw'r *Dichtende* a'r *Denkende* yn Feirdd ac Athronwyr? Dyw'r naill ddim yn elyn i'r llall fel oeddent i Platon. Mae'r sbectrwm iaith yn cynnwys iaith bob dydd hefyd, ond mae'r beirdd a'r athronwyr, pob un yn ei ffordd wahanol, yn creu ac yn cynnal disgwrs Bod. Mae'r elfen greadigol yn bresennol yn y naill a'r llall. Fel y bydd J. R. Jones yn aml ar ddiwedd ei ysgrifau yn troi at gerdd gan Waldo Williams neu at ddarn barddonol o'r Beibl i fynegi rhywbeth y tu hwnt i'r ddadl resymegol, bydd Heidegger yn aml yn gwneud defnydd o gerddi gan Hölderlin neu Trakl neu Stefan George. Ac ambell waith mae Heidegger ei hun yn gymaint o fardd ag o athronydd:

> Mae'r iaith yn iaith Bod fel mae'r cymylau yn gymylau'r wybren. Wrth i feddwl ei fynegi ei hun mae'n gosod cwysi disylw yn yr iaith, cwysi yr ydym yn sylwi llai arnynt nag ar y cwysi y mae'r ffarmwr yn eu torri wrth gamu'n araf ar hyd y cae.[14]

Mae perygl i minnau nawr droi yn feirniad llenyddol a sylwi fel y mae iaith yn y dyfyniad hwn yn amgyffred ac yn amgylchynu'r blaned, tir a chymylau, nef a daear. Does ryfedd fod Gwyrddion hefyd wedi troi at waith Heidegger. Ond sylwer mor drosiadol yw'r iaith. A dyma un rheswm paham yr oedd yr Almaenwyr o'r cyfnod Rhamantaidd ymlaen mor hoff o'r Groegiaid ac yn uniaethu â nhw. Dadleuwyd bod yr Almaenwyr fel y Groegiaid cynnar yn sefyll o flaen y byd ac yn ceisio gafael ynddo'n syniadol gyda'r geiriau diriaethol pob dydd oedd ar gael iddynt, tra'r oedd etifeddion Rhufain yn gorfod dod i ben â thermau ail-law nad oeddent yn eu deall yn yr un ffordd uniongyrchol. Mae adlais o'r ddadl hon yn y dyfyniad blaenorol o waith Thomas Stephens wrth iddo gymharu'r Cymry a'r Groegiaid a sôn am ddatblygu'r iaith ar sail ei hadnoddau cynhenid. Roedd elfen o gystadlu â Ffrainc yn y safbwynt Almaenig, wrth gwrs, ond dyw hynny ddim yn annilysu'r pwynt fod iaith athroniaeth fel barddoniaeth yn iaith drosiadol a chreadigol.

Dyma ddadl Heidegger yn gryno iawn: yng nghyfnod cynnar Groeg yr oedd geiriau yn arwyddion a oedd fel petaent yn pwyntio at bethau yn y byd, yn gafael ynddynt ac yn eu henwi, ac yna'n eu defnyddio'n drosiadol i ddod â syniadau mwy haniaethol i'r amlwg. Dd'wedwn i mai dyma'r math o iaith y mae Heidegger ei hun yn ceisio cyrraedd ato yn yr enghreifftiau uchod, iaith sydd yn cynnwys elfen o ryfeddu yn wyneb y byd yn hytrach na meistrolaeth arni. Ond erbyn cyfnod hwyr yr Hen Roeg mae'r geiriau wedi colli'r ffresni hwnnw ac yn dynodi'r categorïau y cytunwyd ar adeg arbennig y byddent yn eu dynodi. Mae'r iaith sydd yn creu un ffordd o feddwl yn cau allan ffyrdd eraill. Wrth i gynnyrch meddwl yr Hen Roeg gael ei drosi i Ladin ac ymlaen i'r traddodiad Ewropeaidd, symudwyd ymhellach fyth o'r pwyntio a'r rhyfeddu gwreiddiol ac aeth yn anos dianc o'r categorïau a'r termau a sefydlwyd mewn cyfnod cynharach. Ychydig ohonom fedr ddilyn Heidegger i fyd y Cyn-Socratiaid na chloriannu'r dystiolaeth hanesyddol, ond mae'n ddigon efallai os derbyniwn fod pob syniadaeth wedi cychwyn o feddwl mewn iaith a chyfnod arbennig, ond hefyd fod gallu trawsnewidiol yn y meddwl creadigol i feddwl rhywbeth newydd.

Credai Heidegger o ganol y tridegau ymlaen fod yn rhaid mynd yn ôl at ddechreuad y traddodiad athronyddol gorllewinol, a datgymalu'r traddodiad hwnnw. Byddai hynny'n golygu geirfa newydd a gramadeg newydd. Ond wrth ailfeddwl rhesymeg nid oedd Heidegger am gael ei osod yn yr un dosbarth â gelynion rheswm a deallusrwydd. Gwaith hir i'r rheswm fyddai datgymalu seiliau'r patrwm rhesymegol a etifeddwyd.

Nodiadau

[1] Darllenais weithiau Martin Heidegger mewn amrywiol olygiadau Almaeneg ond penderfynais gan fod y testunau dan sylw i gyd yn gynwysedig yn y casgliad Heidegger: Gesamtausgabe, mai at hwnnw y dylwn gyfeirio'r darllenydd. Rwyf heb gael cyfle i wirio rhif y tudalennau yn y casgliad hwnnw ond isod nodais deitl yr ysgrif, teitl y gyfrol unigol lle mae hynny'n wahanol i deitl yr ysgrif, a rhif y gyfrol yn y casgliad.

[2] "Zu Herders Abhandlung 'Über den Ursprung der Spraches'" yn *Vom Wesen der Sprache* sef *Heidegger Gesamtausgabe* Band 85.

3 Llawysgrif NLW 5758A.

4 Thomas Stephens *The Literature of the Kymry* Llanymddyfri 1849. Yn yr ail argraffiad mae'r paragraff dan sylw wedi ei symud i'r Rhagymadrodd.

5 "Der Ursprung des Kunstwerkes" yn *Holzwege* sef *Heidegger: Gesamtausgabe* Band 5.

6 Gweler Raymond Williams, *Marxism and Literature* Llundain 1977.

7 Gweler Ned Thomas *On Arnold and Celtic Literature* Llanbedr-pont-Steffan 2003. Darlith a argraffwyd yn Bamffledyn. Hefyd "Arnold, Renan, Unamuno: Philology and the Minority Languages" yn *Bradford Occasional Papers 6*, 1984.

8 Gweler James W. Underhill *Humboldt, Worldview and Language*, Caeredin 2009 am drafodaeth pellach ar y pwnc.

9 *Unterwegs zur Sprache* sef *Heidegger : Gesamtausgabe* Band 12

10 "Die Frage nach der Technik" yn *Vorträge und Aufsätze* sef *Heidegger : Gesamtausgabe* Band 7

11 *Logik als die Frage nach dem Wesen der Sprache* sef *Heidegger:Gesamtausgabe* Band 38.

12 Gweler y drafodaeth am *Geist* a Heidegger yn Jacques Derrida, *De l'esprit* Paris 1987.

13 "Brief über den Humanismus" yn *Wegmarken* sef *Heidegger: Gesamtausgabe* Band 9.

14 *Ibid.*

Law yn llaw:
Athroniaeth a'r Iaith Gymraeg

Huw Williams

'Deuthum i'w adnabod yn gyntaf fel aelod o Gymdeithas yr Iaith ac yntau yn ymgyrchydd dros sianel deledu Gymraeg... [Y]n yr wythdegau, Merêd a fu'n allweddol wrth gael trefn ar fraslun o ddeddf iaith arfaethedig. Ac yng nghaffi Morgans y buom yn edrych ar bosibiliadau'r braslun hwnnw a gafodd Merêd ac yntau'n ei elfen yn rhagweld dyfodiad deddf newydd. Ond efallai mai cyfraniad pennaf Merêd yn y blynyddoedd diwethaf oedd ailsefydlu athroniaeth fel pwnc trwy gyfrwng y Gymraeg yn y Brifysgol, gan weithio'n ddygn gydag Urdd yr Athronwyr. Gweithiodd i roi'r Coleg Cymraeg ar seiliau cadarn.'

Menna Elfyn

FEL YMGYRCHYDD IAITH YR oedd Merêd efallai'n fwyaf adnabyddus yn y blynyddoedd diweddar. Afraid dweud mor addas ydyw fod cyfrol deyrnged iddo yn ymhél â hawliau iaith. A dichon mai ei fywyd fel hanesydd a gwarcheidwad y traddodiad gwerin oedd yn dwyn y mwyaf o sylw cyhoeddus. Yng nghyswllt ei holl 'fywydau' yr hyn sy'n sicr yw na roddwyd llawer o sylw i'w weithgarwch athronyddol. Yn wir, braidd y byddai'r rheini nad oedd yn ei adnabod yn bersonol – neu yn aelod o Adran Athronyddol Urdd y Graddedigion – yn ymwybodol o'r bywyd yma. Ond fel y tystiai teyrnged Menna Elfyn, roedd ei fywyd athronyddol a'i fywyd ymgyrchu yn cydymdreiddio'n ddwfn: yr athronyddol yn cyfeirio'r ymgyrchu, a'i ymgyrchu yn arddel yr athronyddol. Nid syndod ydyw mai ef oedd yng nghanol y cynllunio a'r strwythuro gyda Chymdeithas yr Iaith – buasai ei hyfforddiant fel athronydd yn ei gymhwyso'n amlwg at y fath dasg, tra bod ei ddarlith ar 'Anufudd-dod Dinesig' yn arddangos y modd y bu'r meddwl athronyddol yn gefn i'w weithredu. Yn fwy neilltuol yw'r ffaith ei fod wedi ymroi cymaint i'r dasg, nid yn unig o hyrwyddo'r Coleg Cymraeg Cenedlaethol, ond hefyd o fynnu bod athroniaeth yn rhan o'r sefydliad hwnnw.

Mae yna glem i'w ddycnwch dros yr achos yng ngeiriau Menna Elfyn. Yn fwriadol ai peidio awgryma fod Merêd, trwy sicrhau bod athroniaeth yn rhan o ddarpariaeth y Coleg, yn gosod 'seiliau cadarn' iddo. Rwy'n amau na fyddai Merêd yn anghytuno. Hynny yw, os ydym am feithrin sefydliad Addysg Uwch llwyddiannus ac iddo gynsail ddeallusol gref a dygn, yna rhaid wrth athroniaeth. Dyna fyddai agwedd nifer o is-gangellorion prifysgolion mawr y byd. Nid bod athroniaeth yn neilltuol yn hynny o beth, oherwydd mae yna ddadleuon cryf – ond gwahanol – dros gyfiawnhau cynnwys pob math o bynciau. Ond teg dweud mai'r hyn y mae athroniaeth yn ei gynnig yw'r dulliau o feddwl a'r cysyniadau gwaelodol sydd yn sicrhau dyfnder a chadernid i unrhyw orchwyl deallusol. Mae yna athroniaeth, neu athroniaethau, ynghlwm wrth bob maes.

Am fy mod erbyn hyn yn ddeiliad swydd y brwydrwyd drosti gan Adran Athronyddol Urdd y Graddedigion roeddwn yn falch iawn o gael darllen teyrnged i Merêd a oedd yn rhoi sylw teilwng i'r pwys a roddai ef ar athronyddu, a'i ymdrechion dros y pwnc. Mae hyn yn arbennig o wir o ystyried mai cymharol isel yw proffil Athroniaeth yng Nghymru, yn y Gymraeg a'r Saesneg. Mae yna ambell werddon yn y prifysgolion, gyda'r pwnc yn parhau yng Nghaerdydd a Llambed, ac wedi ailymddangos yn ddiweddar ym Mangor gyda chryn lwyddiant hyd yma. Eto, dim ond llond dwrn o ysgolion sydd yn addysgu athroniaeth hyd at lefel A, ac nid oes darpariaeth yn y Gymraeg, ac eithrio agweddau ar fodiwlau Astudiaethau Crefyddol (ffaith a adlewyrchi'r gan y niferoedd cymharol fychain o Gymry sydd yn astudio'r pwnc yn ein prifysgolion). Rhaid cyfaddef hefyd, wedi bron tair blynedd yn y swydd, fy mod yn dechrau amau bod yna tinc o wirionedd i awgrym athronwyr megis Dewi Z. Phillips fod agwedd amheus at athroniaeth yn rhan annatod o'n diwylliant!

Os oes agweddau felly yn bodoli, fodd bynnag, rhaid inni beidio ag esgus nad oes reswm dros hynny. Mae'n hysbys fod rhai (nid yng Nghymru, o reidrwydd) yn cymryd tipyn o falchder yn yr agwedd nad yw athroniaeth yn ddisgyblaeth sydd am drochi ei dwylo yn y byd go iawn. 'Gedy athroniaeth y byd fel y mae', yn ôl y traddodiad Wittgensteinaidd yr oedd Phillips yn rhan ohono − er, y mae'n deg dweud bod yna resymau athronyddol ystyriol i'r ymadrodd yma yn achos y traddodiad arbennig hwnnw a fwriodd wreiddiau ym Mhrifysgol Abertawe. Ond yn gyffredinol anghytunaf yn reddfol ac yn ddeallusol â'r safbwynt nad oes gan athroniaeth gyfraniad uniongyrchol i'w gynnig i'r byd 'go iawn'.

Yn ein hachos ni yng Nghymru, lle mae gofod i'r pwnc yn gyfyngedig, mae yna resymau *pragmataidd* yn ogystal dros roi sylw i'r modd y gall drwytho bywyd ymarferol. Peidiwch â'm camddehongli; ni fuaswn am eiliad yn gwadu nad oes reswm teilwng dros athronyddu o bob math − pa mor astrus neu arbrofol bynnag ydyw − yn y Gymraeg. A bod pobl yn siarad Cymraeg, a bod diddordeb ganddynt mewn athroniaeth, yna mae cyfiawnhad iddo. Fodd bynnag, yn y byd sydd ohoni, lle mae cystadleuaeth am adnoddau prin o fewn Addysg Uwch, gan gynnwys y Coleg Cymraeg Cenedlaethol, rhaid dangos gwir bwysigrwydd athronyddu yn y Gymraeg.

Yng ngweddill y traethawd yma felly ceisiaf ymhelaethu ar yr hyn yw, a'r hyn all, athronyddu yn y Gymraeg, ac ar hyn a all fod. Yn rhan o'r gorchwyl yma gobeithiaf fynd i'r afael â thema'r gyfrol hon, gan gynnig syniad cadarnhaol, diriaethol o athronyddu yn y Gymraeg sydd yn deilwng o'r ymdrechion i'w sefydlu yn y Coleg, ac yn ategu'r pwys a roddwyd iddo gan Merêd ac eraill.

Diffinio Athroniaeth

Her o'r mwyaf yw ceisio diffinio athroniaeth fel maes – ei hanfodion a'i phwrpas. Cyfyd y trafferthion yn rhannol oherwydd y rhychwant eang o athronyddu sydd yn bod, gyda lleisiau niferus erbyn hyn yn ychwanegu at drafodaeth (neu'r anwybyddu bwriadol) sydd wedi bod ers mwy na chanrif rhwng y rheini sy'n arddel y dull dadansoddol (*analytic*) a'r rhai sydd yn ffafrio athronyddu yn y traddodiad cyfandirol (*continental*). Rhaid ystyried yn ogystal i ba raddau y mae athroniaeth o'r gorffennol, hynny yw, hanes athroniaeth, yn rhan ganolog o'r hyn yr ydym yn ei adnabod fel athronyddu. Cyfyd problemau yn ogystal oblegid natur gymwysadwy athroniaeth, a'r awgrym fod athronyddu o fath yn perthyn i bob un maes yn yr academi. Pryd felly y mae maes athroniaeth gwyddor, er enghraifft, yn diweddu, a'r wyddor yn cychwyn? A yw unrhyw fath o athroniaeth sy'n ymhél â chwestiynau tu hwnt i'r pynciau gwaelodol megis ontoleg, epistemoleg, metaffiseg a rhesymeg hyd yn oed yn deilwng o'r enw athroniaeth? Coronir y benbleth gan y sicrwydd y bydd sawl, os nad pob, athronydd arall yn rhwym o anghytuno mewn rhyw fodd neu'i gilydd â'ch awgrymiadau.

Felly ai ofer yw ceisio mynd cam ymhellach trwy ofyn beth yn union yw pwrpas athronyddu yn y Gymraeg? Mae ymagwedd athronyddol – hynny yw'r dyhead i gwestiynu, i ddeall hanfodion y pwnc dan sylw, yn ogystal ag agwedd o resynu parhaol am y byd o'n cwmpas (chwedl Aristoteles) – yn awgrymu na ddylem encilio o fod yn ymholgar.

Man cychwyn addas i'r drafodaeth yw geiriau'r athronydd Almaenig Hegel, a ddywedodd ei fod am wneud i athroniaeth 'siarad Almaeneg'. Gallwn ddehongli geiriau Hegel ar un olwg fel datganiad fod Almaeneg yn gymwys ac yn deilwng o fod yn gyfrwng i bwnc oedd tan ei gyfnod ef wedi ei gyfyngu'n gyffredinol i'r Roeg, Lladin, Saesneg a Ffrangeg. Efallai nad yw'r awgrym yma'n amherthnasol o safbwynt perthynas y Gymraeg ag athroniaeth, a'r awgrym fod athronyddu yn y Gymraeg – fel y mae ymhél â meysydd eraill yn y Gymraeg – yn werthfawr o safbwynt ychwanegu at ei bri, ei pherthnasedd a'i statws. Ond yn hytrach na mynd ar drywydd cwestiwn sydd bwysicaf yn llesyddol (*utilitarian*), rwyf am ganolbwyntio ar y berthynas rhwng iaith, ystyr ac athroniaeth. Yn y cyswllt hwn mae modd dehongli dyfyniad Hegel fel awgrym fod Almaeneg yn medru cyfrannu rhywbeth neilltuol i'r pwnc trwy ei fowldio a'i naddu o gystrawen, gramadeg a geirfa neilltuol yr iaith. Mae'r fath honiad yn codi cwestiynau ehangach am y berthynas rhwng iaith a chynnyrch yn y maes, a dyma'r drafodaeth af ar ei hôl yn y lle cyntaf, gydag un llygad, wrth reswm, ar y mater o ddadlau dros y gorchwyl o athronyddu yn y Gymraeg, ac yn hynny o beth, mewn iaith leiafrifol.

O ddechrau o'r man yma, mae dau gwestiwn yn codi:

• A yw'r iaith ddewisedig yn effeithio ar ystyr ac ansawdd yr athroniaeth?

• A geir budd neu gyfleoedd o athronyddu mewn iaith leiafrifol megis y Gymraeg?

Ffurf Iaith ac Athroniaeth

Damcaniaeth amlwg i gychwyn y drafodaeth yw'r cysyniad o berthynolaeth ieithyddol, sydd yn fras yn coleddu'r syniad fod strwythur a geirfa benodol iaith yn cyflyru'r modd y mae'r siaradwr yn meddwl – gyda'r casgliad fod meddwl mewn un iaith yn debygol o esgor ar safbwyntiau a syniadau gwahanol i feddwl mewn iaith arall. Un o ladmeryddion enwocaf y safbwynt yma yw B. L. Whorf, sy'n hawlio bod pob iaith yn diffinio bydysawd diwylliannol a materol unigryw i'w defnyddwyr. Mewn geiriau eraill, mae pob diwylliant yn gweld y byd mewn modd gwahanol. Yn ei eiriau ef, 'nid yw arsyllwyr yn cael eu harwain gan yr un dystiolaeth faterol tuag at yr un darlun o'r bydysawd, oni bai fod eu cefndiroedd ieithyddol yn debyg'. Mae blaenoriaeth iaith felly'n hollgwmpasog yn ôl y ddamcaniaeth hon – rydym yn creu darlun o'r byd materol yn ôl strwythurau ein hiaith, sydd yn ogystal yn cario diwylliant cyfan, unigryw. Iaith sy'n llunio ein realiti, ac mae realiti un iaith yn wahanol i'r nesaf.

Yn ddiddorol ddigon, mae'r math yma o benderfyniaeth ieithyddol ymhlyg i ryw raddau yn dull o athronyddu a ddaeth i'r brig yn yr ugainfed ganrif, dan arweiniad ffigyrau enwog megis Bertrand Russell. Honna Russell fod athroniaeth orllewinol yn gynnyrch y gystrawen arbennig a berthyn i'r ieithoedd Indo-Ewropeaidd. Iddo ef, dadansoddi ystyr iaith yw priod weithgaredd athroniaeth. Goblygiad y safiad yma yw'r tebygrwydd na fydd gwahaniaethau athronyddol sylweddol yn codi yn sgil y gwahaniaethau mewn ieithoedd gorllewinol. Erys y posibilrwydd, fodd bynnag, fod ieithoedd sydd y tu allan i'r traddodiad Indo-Ewropeaidd, oblegid eu ffurfiau gwahanol, yn gyfrwng i athroniaethau gwahanol iawn i'r traddodiad gorllewinol.

Ac eto mae hanes athroniaeth y gorllewin yn yr ugeinfed ganrif yn amlygu'r ffaith fod traddodiadau athronyddol tra gwahanol yn gallu codi o fewn ieithoedd tebyg. Roedd Russell, Frege o'i flaen, ac yna ffigyrau megis A. J. Ayer yn lladmeryddion y traddodiad dadansoddol a nodweddi gan y pwyslais ar ystyr ac ystyrlonrwydd iaith, a ymsefydlodd ei hunan yn yr academi Eingl-Americanaidd. Gwrthodiad oedd yr athroniaeth yma o'r hyn a ystyrid ganddynt fel athroniaeth synoptig, holl gynhwysol Hegel ac athronwyr cyfandirol eraill, a oedd yn eu golwg nhw yn dueddol o orymestyn ffiniau'r pwnc i gynnwys elfennau ysbrydol a metaffisegol (yn ystyr hyn sydd y tu hwnt i'r byd materol) nes bod eu syniadau'n colli unrhyw gyswllt â'r byd go iawn. Parhaodd y mwyafrif ar y Cyfandir, fodd bynnag, yn y traddodiad yma ac felly yr esgorwyd ar y rhwyg sylfaenol sy'n parhau i nodweddu athroniaeth y gorllewin heddiw. Nid bod athronwyr megis Adorno, Gadamer, Husserl a Heidegger wedi glynu'n wasaidd wrth syniadau eu rhagflaenyddion o bell ffordd, ond nid oeddent chwaith mor barod i geisio cyfyngu athroniaeth i drafodaeth o berthynas iaith â'r byd.

Mae athroniaeth Ludwig Wittgenstein, a fu mor ddylanwadol

ar Adran Athroniaeth Abertawe yn yr ugeinfed ganrif, yn cynnig safbwynt ar iaith sydd ar un olwg yn awgrymu penderfyniaeth ieithyddol bellgyrhaeddol sydd yn agosach at safbwynt Whorf, ac yn ein galluogi i roddi cyfrif am wahaniaethau rhwng ieithoedd o'r un tarddiad hanesyddol. Nid yn gymaint cystrawen a ffurf arbennig yr iaith sydd yn dyngedfennol wrth roddi ystyr i'n byd, ond yn hytrach ei chyfansoddiad fel endid cymdeithasol, cyfunol. Yng ngeiriau Phillips, '[p]wynt Wittgenstein yw mai iaith yw amod posibilrwydd yr ystyron a gawn ym mywyd dyn, a bod iaith, yn ei hanfod, yn weithgarwch cyhoeddus'. Dim ond trwy gyfrwng iaith y deallwn ein byd – hi sydd yn gyfrwng i ganfod a rhoi ystyr i'r byd. Iaith felly sydd yn blaenori pob dim arall, a thrwy ddysgu ei siarad nid ydym yn dod i ddeall realiti gwrthrychol sydd yn adlewyrchu'r byd fel y mae (nid yw'r fath realiti yn agored inni), ond yn hytrach rydym yn dod yn rhan o realiti, un sydd yn gread cymdeithasol a ddiffinnir gan yr iaith. Y math yma o agwedd ar iaith sydd yn awgrymu safiad athronydd fel J. R. Jones fod yr iaith (Gymraeg) yn cynrychioli 'bychanfyd' – un sydd yn esgor ar ddarlun neilltuol o'r byd. Mae hynny'n awgrymu'r posibilrwydd y gall athroniaeth yn yr iaith honno fod yn unigryw yn ogystal.

Prin yw'r dystiolaeth o drafodaeth frwd ynghylch y cyswllt rhwng ieithoedd neilltuol a natur athroniaeth, a'r rôl bosibl i'r ddamcaniaeth o berthynolaeth ieithyddol i ystyriaethau felly. [Gweler, fodd bynnag, C. W. K. Mundle (1979).] Mae hynny'n wir hyd yn oed yng nghyd-destun y tro 'ieithyddol' mewn athroniaeth a gynrychiolid gan Wittgenstein a'i debyg. Un a drafododd y cwestiynau yma yn y cyfnod gan ymwrthod bron yn gyfan gwbl â'r syniad o gyswllt sylfaenol rhwng iaith ac athroniaeth yw Feuer. Mae'n cynnig beirniadaeth sylfaenol, gan wadu bod yna berthynolaeth o bwys yn bodoli rhwng ieithoedd – gan wrthod felly sylfaen athronwyr megis Russell a Wittgenstein fod iaith yn benderfynydd o unrhyw sylwedd. Âi Feuer ar sawl trywydd wrth geisio amddiffyn ei honiad. Ceir un enghraifft ddiddorol ym maes athroniaeth yng ngwaith Aristoteles, a gyfieithwyd i Ladin o'r ieithoedd Semitig, ar ôl i'r gwaith gwreiddiol yn y Roeg gael ei golli. Esiampl o ddadl ehangach yw hon, nad yw cystrawen na'r bydolwg arbennig sy'n gysylltiedig ag iaith yn tanseilio'r posibiliad o athroniaeth yn 'teithio' i ieithoedd o fathau eraill – un a ategwyd gan y ffaith fod yr enghraifft yma'n cyfeirio at athroniaeth orllewinol a ddaeth yn ôl atom drwy ieithoedd o'r tu hwnt i'n traddodiad. Adlewyrchir honiad Feuer gan y ffaith mai peth digon cyffredin yw gweld y ddau draddodiad Ewropeaidd diweddar yn croesi ffiniau ieithyddol o'r Saesneg i'r Almaeneg neu'r Ffrangeg yn bennaf, a *vice versa*. Mae Kant, Hegel, Marx a'u holynwyr yn ddigon dealladwy a phoblogaidd ymysg nifer yn Ynysoedd Prydain a Gogledd America. Ceir enghraifft ddigon amlwg o'r duedd yma yng nghyswllt Cymru, lle bu athroniaeth Hegel yn ddylanwadol iawn ar yr Idealydd Prydeinig, Syr Henry Jones. Pery'r y traddodiad cyfandirol yn gryf ymysg rhai adrannau ym Mhrydain hyd heddiw, sy'n adleisio'r syniad o etifeddiaeth gyffredin ac yn awgrymu mai gwahaniaethau eraill y tu hwnt i iaith sydd wrth wraidd y rhwyg rhwng y cyfandirol a'r dadansoddol.

Yr hyn y mae Feuer am ei ddadlau'n fwy na dim yw fod grymoedd cryfach a phwysicach o lawer yn llunio bydoedd a diwylliannau gwahanol a'r rhain, yn hytrach na ffurf ein hiaith, sydd yn strwythuro ein meddwl. O'r safbwynt materolaidd yma, yr amodau cymdeithasol yw'r penderfynydd pwysicaf a mwyaf dylanwadol. Y rhain sydd yn ein cyflyru i ddehongli'r byd mewn ffurf arbennig. Yn ôl y safbwynt yma felly, ein hamodau cymdeithasol, materol sy'n creu sail ar gyfer safbwynt athronyddol, metaffisegol, ac er bod ieithoedd yn wahanol eu natur, maent oll yn ddigon ystwyth i addasu, a chyfleu syniadau newydd. Mae cystrawen a ffurfiau arbennig iaith yn ffactor felly i'w ystyried ar yr ymylon – a dyfynnu Feuer, 'fan bellaf gallwn ystyried iaith fel strwythur cystrawennol sydd ag atyniad neu ymwthiant bychan yn erbyn neu tuag at safbwyntiau athronyddol penodol'.

Rwyf yma wedi cyflwyno'n fras ddau safbwynt sydd yn gwrthdaro'n sylfaenol ar y mater o flaenoriaeth iaith. Mae safbwynt

Feuer yn bwysig yn y pwyslais y mae'n ei roddi ar hyblygrwydd iaith a'r gallu i safbwyntiau athronyddol deithio, ond nid yw hynny ynddo'i hun yn tanseilio'r syniad na all strwythur iaith arbennig gyfrannu at athroniaeth o fath arbennig. Sylwer yn ogystal mai strwythur cystrawennol iaith sydd yn darged i'w ergyd beirniadol, nad yw felly yn llawn ymgodymu â ymagwedd Wittgensteinaidd sydd yn honni bod yna 'ramadeg dwfn' i iaith – hynny yw, ystyron ac ystyrlonrwydd, a hynny'n unigryw i realiti cyfunol yr iaith honno. Rwyf innau yn bersonol yn amheus ynghylch y flaenoriaeth a rydd athronwyr iaith i ddylanwad cystrawen, ond nid yw amau hollgynhwysedd perthynolaeth ieithyddol yn rhagdybio na all athronyddu yn y Gymraeg, neu unrhyw iaith arall, fod yn wahanol neu o werth unigryw. Mae'r safbwynt Wittgensteinaidd yn awgrymu dealltwriaeth o iaith sydd yn adleisio syniadau cynharach Joseph Herder o iaith fel cynnyrch neilltuol sydd o anghenraid yn cynnig darlun arbennig o'r byd. Gan barchu'r ffaith fod yna drafodaeth helaethach o lawer i'w chynnal am y cysylltiad rhwng iaith, ystyr ac athroniaeth, awgrymir gan y trosolwg cychwynnol hwn fod yna gysylltiadau i'w hystyried. Mae hyd yn oed beirniadaeth Feuer yn awgrymu y bydd iaith (ac athroniaeth), pan fo'n bodoli o fewn amgylchiadau materol arbennig, yn adlewyrchu safbwynt neilltuol o'r byd.

Diwylliant o Arfer

I'r perwyl yma mae'n werth troi at ddatblygiadau mwy diweddar yn y maes a elwir yn athroniaeth gymharol. I'm dealltwriaeth i, nid dehongli *sut* y mae gwahaniaethau wedi ymddangos yw pwyslais y maes yma, ond yn hytrach, dechrau gyda chydnabyddiaeth o'r gwahaniaethau mewn athroniaethau, eu dadansoddi a cheisio gweld y posibiliadau o safbwynt cymathu. Mae'n ddiddorol nodi bod yr ymagwedd yma at athroniaeth yn cynnig lle i'r ddau safbwynt sydd ymhlyg ym mherthynolaeth ieithyddol a'r feirniadaeth ohoni – bod ieithoedd (neu'n bwysicach – ac amgenach – ddiwylliannau) unigryw yn gallu esgor ar athroniaethau gwahanol, ond ar yr un pryd mae'n gadael yn agored y posibilrwydd fod modd i'r athroniaethau yma a'u cysyniadau dramwyo ieithoedd a diwylliannau.

Ar yr olwg gyntaf o leiaf, gwelir yn agweddau a rhagdybiaethau athroniaeth gymharol gysyniadaethu addas ar gyfer disgrifio a gosod cyd-destun deallusol ehangach i'r arfer o athronyddu yn y Gymraeg. Yn ôl y cyfnodolyn *Comparative Philosophy*, rhydd y math yma o athronyddu bwyslais ar y modd y mae meddwl athronyddol o wahanol draddodiadau a chyd-destunau yn werthfawr – yn arbennig yn y modd y gallant gyfrannu at ehangu gwybodaeth a deallTwriaeth gyffredinol yn y maes. Yn hynny o beth mae hynodrwydd athroniaeth yn perthyn i elfennau sy'n gallu cynnwys nodweddion ieithyddol, ond yn aml mae'n ymgodi o ystod ehangach o ffactorau. Mae'n cwmpasu categorïau eang, hyblyg – dyma'u dyfynnu: 'ffurfiau gwahanol o feddwl, cyrchddulliau methodolegol, safbwyntiau, gweledigaethau, mewnwelediadau, adnoddau cysyniadol ac esboniadol... a gwahanol arddulliau'.

Yr hyn sy'n arbennig o ddiddorol am y safbwynt yma yw'r modd y mae athroniaeth yn cael ei chydnabod fel maes sydd yn digwydd mewn cyd-destun daearyddol ac/neu ddiwylliannol penodol, megis Affrica, Tsieina, India, America Ladin, a.y.b., ac yn aml iawn gyda chyfres o amcanion penodol yn codi o gymhelliant yr athronyddu, fel yn esiampl athroniaeth ffeministaidd. Yn hynny o beth gellir gweld potensial damcaniaethol i feddwl am athroniaeth Gymraeg fel athroniaeth sydd yn dod o fan daearyddol-diwylliannol penodol ac sydd hefyd, o bosib, ag uchelgais penodol yn ogystal.

Amlygir y gorwelion eang sydd i'r cysyniad yma o athroniaeth yng ngwaith Dotson, yr athronydd ffeministaidd. Mae hi'n cyflwyno dadl o blaid dehongliad o athroniaeth sydd yn ehangach a mwy cyffredinol na'r dehongliad diweddar ohoni fel maes proffesiynol yn yr academi – ac yn creu lle i gynnwys traddodiadau amgen o 'athronyddu'. Fel menyw ddu, mae'n gofyn y cwestiwn, beth sydd gan athroniaeth broffesiynol i'w gynnig iddi hi, neu'n fwy penodol a yw'n 'ddigon da' iddi hi?

Mae'n trafod y syniad fod athroniaeth, fel y mae, yn dioddef o ddiwylliant o gyfiawnhad, a'r synnwyr fod angen i ryw ffurf ar athroniaeth gael ei dilysu a'i gweld yn cyrraedd y safonau gosodedig. Sgil effaith y diwylliant yma yw gwaharddiad o'r brif ffrwd, naill ai oherwydd bod athronwyr amrywiol yn cael eu hystyried yn eithriadau a thu hwnt i'r ffiniau, neu oherwydd nad ydynt yn teimlo'n alluog neu'n gyfforddus gyda dadlau dros statws eu gwaith – efallai fod y prosesau yma yn canu cloch gyda rhai sydd â phrofiad o geisio addysgu ac ymchwilio'n gyffredinol yn y Gymraeg, neu o safbwynt Cymreig yn y brifysgol. Ymateb Dotson yn achos y cyfyngiadau hyn yw ceisio cysyniad arall, helaethach o athroniaeth.

Mae'r syniad o ddiwylliant arall ar gyfer athroniaeth yn ganolog i hyn oll – yr hyn y mae'n ei alw'n ddiwylliant o arfer (*praxis*) sy'n cynnwys o leiaf dwy nodwedd arbennig:

1) Rhydd werth ar archwilio pynciau ac amgylchiadau sy'n berthnasol i'n bywydau, gan werthfawrogi bod gwahanol bynciau yn berthnasol i wahanol boblogaethau.

2) Cydnabod a hyrwyddo canonau lluosog, a ffurfiau niferus o ddeall dilysu pwnc.

Mae'r egwyddor gyntaf yn un sydd yn lled-ddemocrataidd ac yn awgrymu'r syniad y dylai athroniaeth gyfrannu at syniadaeth y tu hwnt i faes cyfyng athroniaeth academaidd yn ein byd cyfoes – nid arfer proffesiynol mohoni'n unig ond rhywbeth sydd â chyswllt amlwg â bywydau pobl, â'u harferion cymdeithasol, â'r anghenion a deimlant a.y.b. Mae'r pwyslais ar 'gyfraniad' yn awgrymu angen i gysylltu â'r byd pob dydd sydd efallai'n groes i ddealltwriaeth rhai o natur athroniaeth fel gorchwyl, ond os awn yn ôl at Socrates, Platon ac Aristoteles ac ystyried eu hamcanion hwythau, sef cyrchu doethineb a nesáu at y bywyd da, yna nid yw'r dehongliad yma'n ymddangos mor estron.

Yn ôl Dotson buasai pwyslais ar bynciau cyfoes a chwestiynau pob dydd yn ehangu astudiaeth y maes ac yn esgor ar yr hyn sydd dan sylw yn yr ail egwyddor, sef cydnabyddiaeth o ganonau amgen a ffyrdd gwahanol o ddeall dilysrwydd o fewn y maes. Trwy gydnabod a gwerthfawrogi canonau newydd, mae meysydd amgen, llai, yn gallu cael eu cydnabod fel ffurfiau dilys o'r pwnc – a fydd yn ei hunan yn lleihau'r tueddiadau i'w heithrio. Yn hytrach na gwastraffu egni yn ceisio cyfiawnhau gwaith ac ymchwil i'r rheini nad ydynt yn mynd i weld diddordeb na gwerth yn y gwaith, gall egnïon gael eu dargyfeirio i wneud cyfraniad o fewn y cymunedau penodol'.

Athronyddu yn y Gymraeg: Diwylliant o Arfer Arbennig?

Yr elfennau pwysicaf o'r dadleuon yma, mentraf, yw'r ffaith eu bod yn cynnig safbwynt ar athroniaeth sydd yn gweld gwerth arbennig mewn athronyddu o fathau amrywiol, a bod dull o athronyddu sydd â'i gonsýrn arbennig, ei gwestiynau arbennig, ei arddull arbennig a'i gyd-destun arbennig nid yn unig yn ddilys ond â rôl hollbwysig i'w chwarae. Hynny yw, yn hytrach na meddwl am athronyddu yn y Gymraeg fel rhywbeth sydd yn gorfod ymgeisio at ryw syniad safonol o athroniaeth a chyfrannu at y meysydd cydnabyddedig, mae'n ddilys yn ogystal iddo fod yn gynnyrch y byd y mae'n rhan ohono, ac yn ymwneud ag ef. Yn yr ystyr yma gellir cydnabod bod elfen epistemig bwysig yn perthyn i athroniaeth am ei bod yn ymrwymedig i'r amodau a grëir ynddi, ac yn bwysicach na hynny, bod yr amodau epistemig yma (hynny yw, yr amodau yna y mae ein gwybodaeth a'n dealltwriaeth o'r byd yn cael eu creu a'u hailgreu oddi mewn iddynt) yn gyd-destun neu'n wrthrych dilys o safbwynt athronyddu. Yn hynny o beth, peth naturiol, ond hollol ddilys, fyddai meddwl am athroniaeth iaith Gymraeg fel maes sydd yn mynd i'r afael â'r cwestiynau sydd yn flaenllaw yn ein byd – a chyfiawnder ieithyddol a hawliau iaith, er enghraifft, gyda'r amlycaf yn eu mysg.

Mewn erthygl fydd yn ymddangos yn rhifyn arbennig o'r cyfnodolyn *Gwerddon* maes o law, mae'r Athro Steve Edwards – yn cynnig hanes cryno a dadansoddiad o waith Adran Athronyddol Urdd Graddedigion Prifysgol Cymru. Yn yr ysgrif yma gwelwn fod y traddodiad diweddar o athroniaeth yn y Gymraeg yn eistedd yn weddol esmwyth o fewn y fframwaith a gynigir uchod. Fe ddaeth yr Urdd ynghyd am y tro cyntaf yn 1933 fel criw o athronwyr Cymraeg a oedd am drafod eu maes yn y Gymraeg. Yn ôl Edwards, sydd wedi'i hastudio'n helaeth, yr hyn oedd yn ei nodweddu yn y blynyddoedd cynnar oedd y tueddiad i drafod a chyhoeddi ar bynciau'r dydd a oedd yn bwysig yn y maes proffesiynol. Roedd athronyddu yn y Gymraeg yn y cyd-destun yma'n esgor ar ddefnydd blaengar o'r Gymraeg ond doedd dim byd arbennig yn ei nodweddu fel math arall o athronyddu. Y dyhead oedd athronyddu yn y Gymraeg, am mai dyna oedd y Cymry Cymraeg hyn am ei wneud – gydag awgrym o'r agwedd Hegelaidd o ddangos bod yr iaith yn addas i'r gorchwyl.

Fodd bynnag, maes o law, mae'n deg dweud bod athronyddu yn y Gymraeg, fel y'i nodweddwyd gan yr Urdd, wedi dod i gynrychioli math arall o athronyddu Cymreig yn ogystal (ond nid yn gyfan gwbl – pwynt i ddychwelyd ato yn y man): un a oedd yn tynnu ar academyddion o feysydd eraill ac ar gyfranwyr lleyg a oedd yn aml yn ymdrin â phynciau megis llên, iaith, a chrefydd – y pynciau pennaf hynny yn y byd Cymraeg. Yn yr ystyr yma nid gormodedd yw awgrymu bod yr Urdd a'i chyhoeddiadau dros y degawdau wedi dod i gynrychioli'r union fath o ddiwylliant o arfer y mae Dotson yn sôn amdano – trafodaethau o bynciau perthnasol i amgylchiadau ein bywydau, yn arbennig y rheini sy'n pwyso ar y boblogaeth Gymraeg, gan roi sylw athronyddol i destunau a phynciau tu hwnt i'r canonau traddodiadol, a'r gwaith hwnnw'n cael ei gydnabod yn ddilys oddi mewn i'r gymuned arbennig honno. Er mai athronydd academaidd oedd J. R. Jones, er enghraifft, mae dadansoddiad Edwards yn dangos inni sut yr oedd ei waith aeddfed ar genedlaetholdeb a'r iaith yn arbennig yn esiampl nodweddiadol o ddiwylliant o arfer. Mae gwerth nodi yn ogystal yng nghyswllt yr *Efrydiau* mai peth prin yw cyfnodolyn cyfrwng Cymraeg o'r fath hanes a statws, mewn pwnc penodol y tu hwnt i iaith a chrefydd. Er gwaethaf protestiadau Dewi Z. Phillips am le athroniaeth yn ein diwylliant, ac awgrymiadau rhai fod athroniaeth yn estron i'r Cymry, mae'r maes mewn llawer gwell cyflwr na nifer o rai eraill o safbwynt traddodiad, cynsail a chyhoeddi yn y Gymraeg.

O safbwynt athronyddu Cymraeg fel diwylliant o arfer, gwelir yr un elfennau ar waith yn y gyfrol hon, yn yr ystyr fod gennym gyfranwyr o sawl cefndir yn mynd i'r afael â phwnc sydd o bwys gwaelodol i'r diwylliant yr rydym yn rhan ohono ac yn athronyddu yn ei gylch. Hynny yw, anodd yw meddwl am bwnc sydd yn fwy perthnasol, ac fwy hanfodol na'r union un sydd yn trafod y cysyniadau yna a all gynnig yr amddiffyniad deallusol dros barhad y diwylliant sydd yn ein cynnal. Os nad oes modd inni barhau i ehangu ac ychwanegu at ddwyster a pherthnasedd ein dadleuon o blaid yr iaith yn yr hinsawdd sydd ohoni, fe fydd yn ddu iawn arnom. Erbyn hyn – fel yn achos sawl rhiant sydd wedi gorfod brwydro dros addysg Gymraeg i'w plant – gallaf gadarnhau o'm profiad fy hun mor bwysig yw bod â hyder yn eich daliadau wrth ymdrin â phobl sydd yn elyniaethus i'r iaith, ac yn fodlon defnyddio unrhyw ystryw er mwyn tanseilio'r achos. Rhaid cyfaddef hefyd nad yw cofrestru modiwlau cyfrwng Cymraeg ar draws prifysgolion Cymru wedi bod yn brofiad cwbl ddilestair. Nid yw rhagfarnau yn erbyn y Gymraeg yn pylu dim, ac yn erbyn y fath rethreg mae angen inni, yn fwy na dim, adnewyddu ein rhesymeg ein rhesymoldeb a'n rhesymau. Gwaith a gweithgarwch athronyddol yw hyn, pa un a ydych am ddewis defnyddio'r disgrifiad hwnnw a'i peidio.

Casgliad

Wrth reswm, nid oes angen cyfyngu golygon athronyddu yn y
Gymraeg i'r un achos yma. Mae pynciau eraill yn rhai amlwg sydd
o bwys mawr yn ein bychanfyd – a defnyddio ymadrodd J. R. Jones
– ac fe adlewyrchir y rhain nid yn unig yng nghynnwys Efrydiau
Athronyddol ond hefyd yn y tair cyfrol gyntaf o Astudiaethau
Athronyddol, lle mae cenedligrwydd, crefydd a heddwch wedi
bod ymysg y pynciau o dan sylw. Dyma ddargyfeirio ein hegnïon
i gynnig cyfraniad pwysig at ein cymuned benodol – chwedl
Dotson.

Medrwn i ryw raddau, efallai, ddweud bod athronwyr eraill
o'r brif ffrwd yn cynnig y dadleuon inni, ond mewn achos sydd
mor rhwymedig i amgylchiadau arbennig, rhydd yr agwedd hon
ormod o ffydd yn y ddelfryd athronyddol fod egwyddorion yn rhai
cyfanfydol i'w haddasu'n llwyddiannus ymhob achos. Yn bwysicach
fyth, gwarth a ffolineb fyddai ildio'r cyfrifoldeb hwnnw i rywrai
eraill, ac mae'n bryd inni gydnabod ei bod yn ddigon posib fod
gennym ni'r Cymry syniadau a mewnwelediadau neilltuol i gynnig
i drafodaethau athronyddol sy'n berthnasol dros bedwar ban byd.
Yn hynny o beth mae'r gyfrol hon yn brawf o awgrym Dotson
fod trafodaethau athronyddol amgen o fewn cymunedau penodol
yn galluogi cyfraniadau o'r newydd, rhai y tu hwnt i'r prif lif o
syniadau athronyddol sydd yn arbennig o bwysig a pherthnasol i'r
achos hwnnw, ond sydd hefyd yn gwahodd safbwyntiau tu hwnt
i'r 'canonau' a thrafodaethau mwyaf adnabyddus.

Serch hynny, mae'n ffaith fod ymhél â phynciau ac athronwyr
Cymreig yn gofyn dealltwriaeth o'r tueddiadau deallusol ehangach.
Dyma a wnaf wrth addysgu fy modiwlau ar hanes syniadau a
hanes athroniaeth gyda'r Coleg, a dyna sy'n rhaid ei wneud wrth
geisio gwneud cyfiawnder ag athroniaeth wrth ei haddysgu mewn
unrhyw gyd-destun. Fodd bynnag, byddwn am awgrymu nad
yw mor hawdd cadw golwg ar dueddiadau cyffredinol ym maes
athroniaeth erbyn hyn, oherwydd datblygiadau o ran rhychwant

athroniaeth yn yr oes sydd ohoni, gyda chymaint mwy ohoni'n digwydd ar draws pedwar ban byd, a'r is-feysydd yn dyfnhau ac yn datblygu'n fwyfwy arbenigol. Ac yn hynny o beth, wrth iddi daenu felly, a thueddiadau lleol a byd-eang yn lledaenu a thrawstorri, nid oes unrhyw reswm pam na ddylem ni fel Cymry ddod o hyd i le o fewn hynny, gan gydadnabod ein cyfraniad ni at yr ymgais fyd-eang i ddeall a gwella ein cyflwr.

I grynhoi felly, rhaid cydnabod bod union natur dylanwad iaith ar gynnwys athroniaeth yn gwestiwn rhy soffistigedig o lawer i allu rhoi ateb iddo mewn papur o'r math yma. Ymddengys yn anochel fod yna ryw gyfraniad gan gystrawen, strwythurau a geirfa yn y weithred o athronyddu, a cheir awgrym fod iaith ynddi'i hun yn cynrychioli bychanfyd sydd yn stôr o syniadau a safbwyntiau unigryw o'r byd. Fodd bynnag, mae'r cymhlethdod o geisio adnabod sut a ble yn union y mae'r cyfraniadau yn eu hamlygu eu hunain, yn ei gwneud hi'n anodd cyflwyno'r ffenomenon yma fel cyfiawnhad ynddo'i hun dros amrywiaeth ieithyddol mewn athroniaeth. O safbwynt ceisio nodi budd athronyddu mewn iaith leiafrifol fel y Gymraeg rwyf wedi awgrymu eu gosod o fewn cyd-destun ehangach athroniaeth gymharol. Mae'r persbectif yma yn un addawol. Yn gyntaf cynigir safbwynt gwaelodol o athroniaeth sydd wedi'i angori mewn lle, diwylliant neu safbwynt cymdeithasol penodol – safiad gweddol o anghyffredin o gydnabod hawliad athroniaeth dros amser i gyflwyno safbwyntiau diduedd, cyffredinol. Awgryma'n ychwanegol y gall athroniaeth o'r math yma gyfrannu at wybodaeth a chysyniadau cyfanfydol yn y pen draw, gan gyflwyno syniadau o athronyddu lleiafrifol o'r math yma fel cyfraniad ychwanegol at y maes cyffredinol.

Yn y bôn, mae'n ymwneud â chreu lle i'r syniad fod diwylliannau niferus, a'r wybodaeth, y deallusrwydd, a'r cwestiynau sydd yn ganolog neu'n unigryw iddynt, yn gallu esgor ar athroniaeth o fath arbennig sydd â'i phriod le. Mentraf nad yw'r diwylliant Cymraeg yn wahanol yn hynny o beth. Er hynny rhaid cofio ein bod yn rhan o fenter fyd-eang sydd am gymathu gwybodaeth hefyd – a

135

bod yna gyfraniad pwysig gennym yn y cyd-destun hwn. Rydym ni'r Cymry, ac yn enwedig y rheini sy'n siarad yr iaith neu'n perthnasu'n gryf tuag ati, yn cwympo rhwng dwy stôl, neu'n byw ein bywydau mewn bydoedd deublyg: y craidd a'r amgant, y brif ffrwd a'r ymylol, yr ôl-fodern a'r ceidwadol, y gorthrymwr a'r gorthrymedig, ac, yng ngolwg rhai, y gwâr a'r anwar. A chamddefnyddio ymadrodd Raymond Williams, y ni yw pobl y ffin – ac ni ddylem danbrisio gwerth ein golygon.

Cyfeirnodau

Dotson, K. (2012) 'How is this Paper Philosophy?' *Comparative Philosophy* [gwefan] 3 (1): 3-29. <http://scholarworks.sjsu.edu/comparativephilosophy/about.html> [Cyrchwyd 15.5.15]

Feuer, L.S. (1953) 'Sociological Aspects of the Relation between Language and Philosophy', *Philosophy of Science*, 20 (2), tt. 85-100.

Mundle, C.W.K. (1970) *A Critique of Linguistic Philosophy.* 2il.arg., Llundain: Glover & Blair, 1979, tt. 122-135.

Phillips, D.Z. (1993) 'Pam achub iaith?', *Efrydiau Athronyddol* LVI, tt. 1-12.

Whorf, B.L. (1947) 'Science and Linguistics', yn Newcomb, T.H. a Hartley, E.L. (goln.) *Readings in Social Psychology.* Efrog Newydd: Henry Holt.

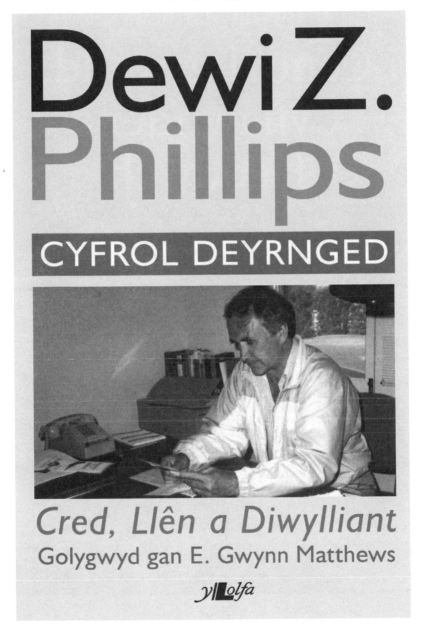

Dewi Z. Phillips

CYFROL DEYRNGED

Cred, Llên a Diwylliant

Golygwyd gan E. Gwynn Matthews

y Lolfa

£9.95

E. Gwynn Matthews (gol.)

Cenedligrwydd, Cyfiawnder a Heddwch

y Lolfa

£9.95

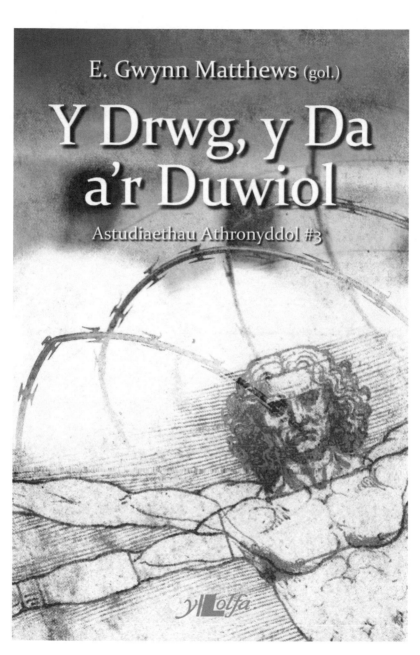

E. Gwynn Matthews (gol.)

Y Drwg, y Da a'r Duwiol

Astudiaethau Athronyddol #3

y Lolfa

£6.95